Diß schreib ich zu immer werender
gedechtnis zu Lunden den 23 april
Anno 16 16
Bernhardt Wilhelm von Nesselbach

p sülcken karen word Het g
London over Straet gebrac

tot
Een Porter ofte
Arbeyder van Lon

目 录

弗朗索瓦·拉罗克

巴黎第三大学英国文学教授，莎士比亚专家，
蒙彼利埃的保罗-梵乐希大学伊丽莎白时代研究中心成员。
写过多篇文章探讨莎剧和伊丽莎白时代的心态和民俗，
著有《莎士比亚和节日》，
与人合编《英国文学选读》。

莎士比亚

人间大舞台

［法］ 弗朗索瓦·拉罗克　著
施康强　译

吉林出版集团有限责任公司｜全国百佳图书出版单位

今天世界各地的人都说，
莎士比亚（William Shakespeare）是个
无所不知的天才。但是在16世纪的英国，
他起初只是斯特拉特福一个手套商的儿子，
受教育程度不高，对身旁所有的事物都好奇。
小城的背景，乡下的传统和迷信，
他青年时代的节日和民间娱乐，
以及列代国王贵族的故事，
哺育了他的创作之路。

第一章

埃文河畔的斯特拉特福

戏剧在16世纪是大众娱乐。每逢集市或节日，乡民欢欣雀跃，赶来看戏。斯特拉特福和其他小城镇一样，欢迎路过的剧团。

一个叫约翰·莎士比亚（John Shakespeare）的人，于1550年前后，从斯尼特菲尔（Snitterfield）来到斯特拉特福（Stratford）。他本是自耕农，在斯特拉特福卖起手套来，兼营羊毛和屠宰业，以此成家立业。1557年他娶玛丽·阿登（Mary Arden）为妻。新娘的娘家在威尔姆柯特（Wilmcote）小村，离斯尼特菲尔不远，他是罗伯特·阿登（Robert Aden）8个女儿中的幺女。阿登是沃里克郡（Warwickshire）一个有钱家族的姓氏。斯特拉特福附近有片森林也叫阿登，莎士比亚写于1599年的牧歌喜剧《皆大欢喜》中，有一片森林就借用了这个名字。

埃文河畔的斯特拉特福（Stratford upon Avon），位于绿树成荫的河谷，是个安静的商城，以集市闻名。从伦敦来，骑马只需2天，步行不过4天，离米德

埃文河畔的斯特拉特福位于沃里克郡，英格兰的心脏。《理查二世》剧中，称英格兰为“君王的宝座，庄严的土地，人间的天堂”。

兰（Midlands）、伍斯特（Worcester）、沃里克、牛津（Oxford）等大城市都不远。

斯特拉特福原意为“涉水过河的道路”，由地名便指出了它四通八达的位置。中世纪时，斯特拉特福曾是伍斯特主教的领地，12世纪末获得部分自治权。城里有两座13世纪的教堂，造型优美：圣三一教堂和圣十字公会小教堂。圣十字公会小教堂附属的学校，在爱德华六世（Edward VI）治下成为“国王新公学”。河上有美丽的石桥，是在伦敦发了财的当地名人克洛普顿爵士（Sir Hugh Clopton）在1490年修建的。他在此建造的住宅叫新地（New Place），日后由莎士比亚买下。

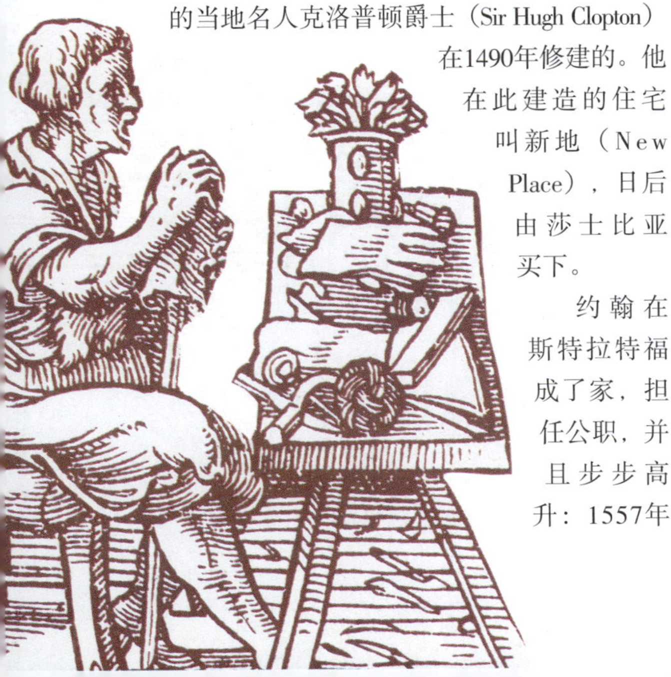

约翰在斯特拉特福成了家，担任公职，并且步步高升：1557年

约翰·莎士比亚的店铺，位于亨利街上那所房子的西翼。父老记忆所及，这家店铺最早叫“羊毛店”。由此可知约翰除了经营手套，兼做羊毛生意，可能也卖皮革。左下图这幅与莎士比亚同时代的版画中，工匠制作手套和钱包。莎士比亚不忘自己的出身和行业传统，他在作品里经常提到手套。比如在《第十二夜》中，小丑费斯特（Feste）这样给机智下定义：“对一个机敏的人来说，一句话好比一副小山羊皮手套，里子那面一下子就可以翻转成正面。”

任镇代表，1565年任代表长，1568年任镇长。1575年，他花了40英镑购买两幢房屋，亨利街（Henley Street）上那所住宅想必是其中之一。1577年，他遭课罚金而且债台高筑，不得不抵押妻子的财产。由于不知名的原因，他不再出席镇务会议，遂于1586年被除名。他也不再上教堂，恐怕是怕遇到债主。

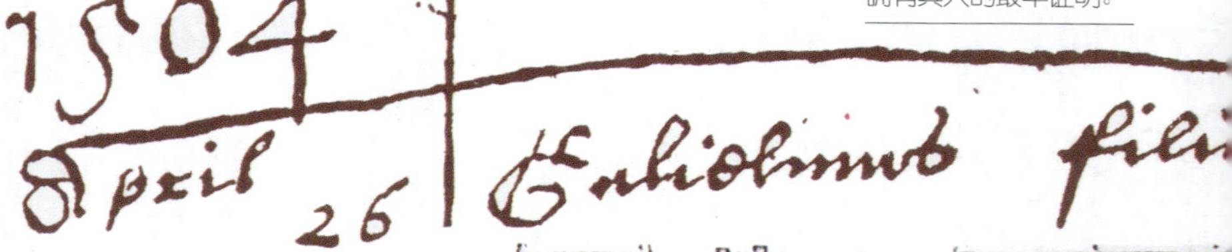

寥寥几个字，教堂登记册上的一个日期：这就是莎士比亚确有其人的最早证明。

青年时代

斯特拉特福教区记事录中有如下记载：1564年4月26日，约翰·莎士比亚之子威廉受洗。约翰和玛丽育有8名子女，威廉排老三。他于4月23日出生在亨利街一所小宅子里，那天恰好是英格兰的守护神圣乔治（Saint George）的节日，此一巧合颇有象征意义。

伊丽莎白时代的教师与学生。人物的比例夸张，显出学生们如何惧怕这位“启蒙老师”。

小威廉在斯特拉特福上学。依照当时的习惯，孩子从四五岁起就由老师启蒙，教授读写和算数。学童诵读字母表，用教义问答练习阅读。然后老师用黎里（William Lyly）编的文法基础教他们拉丁文，背诵拉丁文格言。日后，莎士比亚常常在作品中拿老师开玩笑，如《爱的徒劳》中的学究霍洛芬（Holopherne），以及《温莎的风流娘儿们》中的

埃文斯老师（Sir Hugh Evans），他那语涉秽亵的拉丁文课令人难忘。在《皆大欢喜》中，杰克斯（Jacques）对于人生七个阶段的议论，其实就是威廉自己学生生活的回顾：“大清早背着书包……不情不愿地用蜗牛的速度晃到学校。”

学校里的一天相当长，始自早晨6点，终于晚上5点，仅在午饭时休息片刻。威廉11岁上文法学校，在此学校遇上学习“三巨头”：文法、逻辑学和修辞学。他们继续学拉丁文，除了读古典名著，如奥维德（Ovide）的《变形记》（***Metamorphoses***），维吉尔（Virgile）的《伊尼德》（***Aeneid***），也读西塞罗（Cicéron）、贺拉斯（Horace）和历史学家萨吕斯特（Salluste）等的著述。他们也学希腊文，用卢西安（Lucien）的作品当

莎士比亚在他的喜剧中嘲弄小学教师，如《温莎的风流娘儿们》第四幕第一场，埃文斯老师给小威廉（William）上一堂荒唐的拉丁文课。

“埃文斯：什么是‘lapis’，威廉？威廉：一块石头。埃文斯：什么是一块石头，威廉？威廉：一颗石子。埃文斯：不，是‘lapis’。请你牢牢记住。”

拉丁文入门教科书《语法简介》（**1607**）。封面上的女像，象征语法、逻辑、修辞，以及算术、几何、天文和音乐。

作教材，有时还翻译《圣经·新约》。

莎士比亚的学业到此为止。与他同时期的伦敦剧作家，所谓的“大学才子”（university wit）们都受了高等教育，他没有。不过在那个时代，一个渴求知识的“文法学校”好学生，很可以自学成才。对语言的热爱加上在戏剧上的天赋，一旦与旺盛的干劲和创造力结合，就有可能写出气势恢宏的剧作，作者不必出身名门或者受过高等教育。

有名的植物志，如吉拉（John Gerard）编的那一部，附有许多花草的图形，并详述其特性。当时的艺术家从动、植物的生活汲取灵感，如下面的狩猎图。此类意象也常见于莎士比亚的作品。

农村世界、季节更迭和生命的周期

莎士比亚出身农家，对土地非常熟悉。他的剧本中经常提到自然界、花卉、树木、动物。《哈姆雷特》中的奥菲利娅（Ophelia）神经错乱后，向周围播撒鲜花香草。紧接这场戏之后，叙述奥菲利娅之死的文字赫赫有名，全段的重心在于植物学和花卉的象征意义。在《罗密欧与朱丽叶》《仲夏夜之梦》《奥赛罗》《冬天的故事》等剧中，甚至在《十四行诗集》的意象体系中，玫瑰、芳草、秋叶等，也用于提示季节的交替，感叹年华的流逝。

动物世界也缤纷杂陈，百鸟争鸣，从黎明的黄鹂到月下的夜莺无所不

“酒店老板娘：你敢这样骂我，你就是混蛋。
福斯塔夫：放下你女人的身份，你若说你不是件下贱的东西，那你就是一头畜生。
老板娘：说！什么畜生，你这混账？
福斯塔夫：什么畜生！嘿，你是头水獭。
亨利王子：水獭，约翰爵士，为什么是水獭？
福斯塔夫：为什么？因为她既非鱼又非肉，是件不可捉摸的东西。”
《亨利四世》上篇

包，在莎士比亚剧中轧上一角。《麦克白》里屡见夜晚活动的鸟类：猫头鹰和蝙蝠，各种猛禽如秃鹫和隼，还有小嘴乌鸦。莎士比亚笔下的动物，还包括蛇、刺猬和

昆虫。昆虫在《仲夏夜之梦》和《罗密欧与朱丽叶》中，乃作为隐喻，意指仙女的身体和居所。

他对狩猎也不外行，熟悉各种猎物：野兔、野猪、麂和鹿，以及追袭它们的猎犬。《皆大欢喜》一剧中的道德家杰克斯，就针对一头垂死的鹿，大发议论。除了农民习见的普通动物，莎士比亚也知晓远方异域的野兽和神话中的动物。他提到犀牛、老虎、象和鹿——熊在伦敦倒也不算稀奇，因为在河岸区（Bankside），竞技场就在公共剧场附近。他也提过麒麟、凤凰、龙等珍禽异兽。在他的历史剧中，贵族世家的族徽以动物为饰：比如沃里克家族是熊，约克（York）家族则以野猪为标志。

传统的动物寓言把动物依等级排列：狮、鹰、海豚代表神圣的天授王权；驴、猪、山羊、老鼠、猴子等则是不洁的，象征淫荡。中世纪的憎恶女人者，受了研究魔鬼学的神学家影响，认为妇

“吐舌的花蛇，多刺的猬，不要打扰她安睡；蝾螈、蜥蜴别行近，勿要妨碍了仙后的宁静。”

《仲夏夜之梦》Ⅱ，2

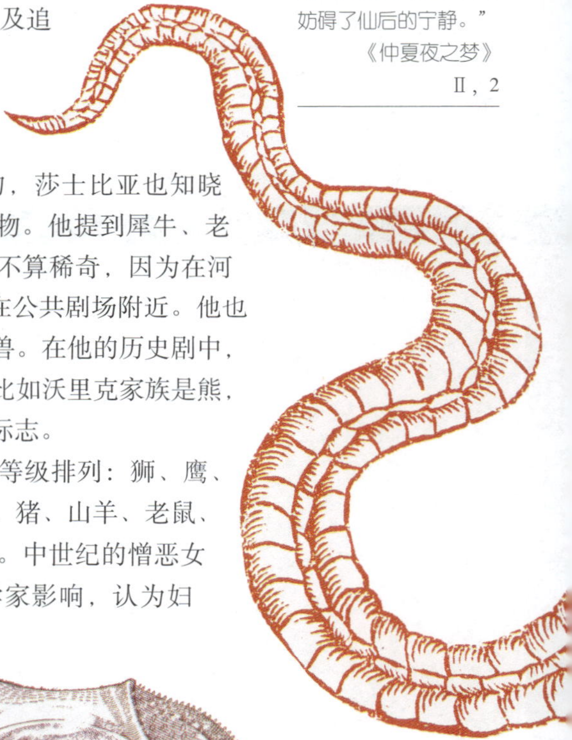

麦克白雇用杀手，刺杀了苏格兰国王邓肯（Duncan）和大将班柯（Banquo），自立为王。他宴请臣下时，看到班柯的鬼魂摇着流血的头来见。他力图斥退幻觉，说它是“披甲的犀牛”。（《麦克白》Ⅲ，5）

女和蛇之间有某种关系。这种看法不仅源于《圣经·创世记》中，夏娃受到蛇的诱惑，也因为当时的生理学观念中，蛇和女人都是秉性潮湿而寒冷的动物。女巫有随从，即化身为动物的恶魔，通常是猫或狗。恶魔给予女巫魔力或者某种好处，交换条件是吸她的血。

动物世界的等级也反映在膳食习惯中。以斋戒期的食谱为例，吃肉的应该改吃鱼、牡蛎。男人与肉相应，女人与鱼相对。这些习惯遵循各大行星在黄道十二宫的运行规律，此运动调节体液的

莎士比亚戏剧中有3000多处提及动物，共约180种。他大量借用与动物生活有关的事例、谚语和意象，在斯特拉特福度过的青年时代的回忆，以及当时人的想象世界，也是他的素材。他笔下的奇禽怪兽，来自动物寓言集和志怪传奇集，如托普塞尔（Topsell）的《蛇志》和《四足动物志》（1607）。左上图的独角兽在传统上代表贞节和耶稣。船舶遇上海蛇便有覆灭之虞。伊丽莎白时代的人相信，真有此等可怕之事。在莎士比亚的《科利奥兰纳斯》中，海蛇是民众的化身（下图）。

流动，主宰人体各部。莎士比亚赋予这些信仰新的生命力，既把它们融入剧中人物的日常生活，也纳入剧本所刻画的民俗、心态及象征体系。

与自然界有关的意象，不论是动物或植物，都大大丰富了戏剧的语言，并且因为累积了具体细节而显得真实。戏剧是世界的镜子，是五彩人寰的精细画。

莎士比亚从来不会与传说、民谣、民间文学和口头传说断了联系。他的乡村生活场景往往特别逼真，例如在《亨利四世》上篇中，福斯塔夫（Falstaff）和同伴在盖兹山（Gadshill）袭击香客之前，马夫之间的交谈。又如《冬天的故事》中剃羊毛的节日。他的作品中屡见牲口贩子在集市或市场上触摸牲口，就羊毛的价格讨价还价，此类情节为作品增添了生活气息和现实感。

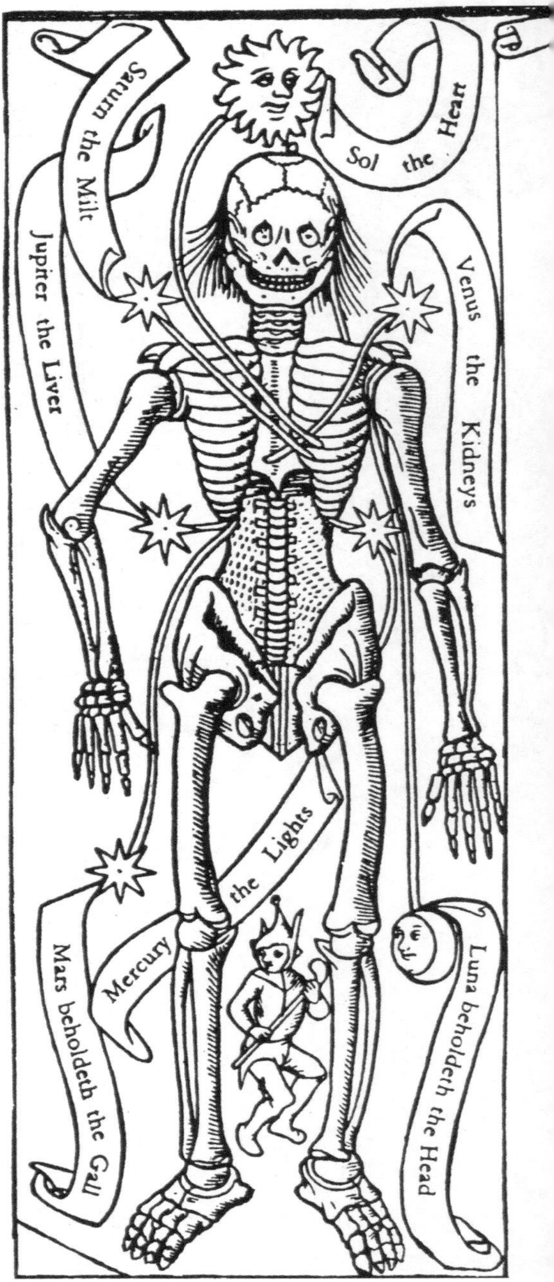

女王驾临

莎士比亚留心民间的欢乐场面和重大节日的热闹习俗。他也观看巡回剧团的演

出。斯特拉特福的地理位置四通八达，许多有名的剧团纷纷光临：1573年与1576年是莱斯特伯爵（Earl of Leicester）剧团，1579年是斯特雷恩吉勋爵（Lord Strange）剧团，1584年是埃塞克斯伯爵（Earl of Essex）剧团，1587年则有女王供奉（Queen's Men）剧团来此献艺。

可是，女王本人驾临更非同小可。伊丽莎白一世（Elisabeth I）于1575年摆出全副仪仗，前往斯特拉特福邻近的肯尼威思（Kenilworth）城堡，出席莱斯特伯爵为她举办的盛大招待会。为招待满朝文武和贵妇，豪华辉煌的庆典持续3周。附近的居民赶来表示拥戴，为他们也安排了露天娱乐活动。遵照文艺复兴时期的优良传统，每个白天、每个夜晚都有高尚的消遣、神话节目或烟火表演。看戏剧演出，目睹在故乡附近为女

不管是女王威风凛凛巡视外省（左图），还是一名农妇到小镇的集市上去出售自养的鹅（下图），莎士比亚时代的生活，总是根植在传统的象征结构之中。

左页的版画取自玛尔商（Guy Marchant）的《肥料大全与牧人日历》（1493），说明行星对人体各部分的影响。骷髅的两腿间出现小丑，正是体现了15世纪道德剧的精神。

泰晤士河边，一群人在跳摩里斯舞。

王举办的庆典，正是莎士比亚多方吸收，以养成戏剧魔力的好机会。

民间戏剧、宗教游行和神迹剧

自从16世纪开始，宗教节日减少，戒律简化。斯特拉特福圣十字公会教堂的《最后审判》壁画，甚至刷上一层石灰，莎士比亚只听说有这幅壁画，未能亲见。

季节性节日与乡村生活有关，也和半异教的季节循环信仰相连，因而受到当地清教徒攻击。为欢迎春天来临的五朔节（May Day）遭到批评，与之有关的五月柱（May pole）和传统的摩里斯舞（Morris dance），也受到公开指责，被认为染有异教淫逸之风，体现了撒旦崇拜。清教徒斯脱勃（Philip Stubbes）在1583年出版了小册子《恶习流

弊解剖》，文中把这些相传的春天娱乐认作魔鬼的仪式。广场上或街头缀满鲜花的五月柱，常被新教

女王1591年驾临埃尔佛塞姆（Elvetham）时，当地百姓特别安排，为她在挖成新月形的水池里大打水战。新月是戴安娜的标记，而女王喜欢人家把她比作月神戴安娜（Diana）。图的左方，女王高踞饰有华盖的宝座，率领朝中官员观看节目。

Sophia

教会的牧师砍断，这样的牧师或是太过热衷于宗教，或是深感痛心疾首。在公有森林砍伐树木、树枝的村民被处以罚款；木马（hobbyhorse）也受迫害，最后从民俗中消失。

然而，赞颂生生不息之力的古老仪式，仍留在民众的记忆里。莎士比亚的戏剧将从中得到滋养。仍然在圣诞节和复活节演出的假面哑剧（Mummers' plays），保留了古老传统的残迹。剧中，无畏的圣乔治与一个巨人或一名土耳其骑士作战阵亡，靠了一瓶魔水才得以起死回生，终于战胜敌人。英雄的死亡和复活具有祭祀意义，不仅表现在民众娱乐的半异教氛围中，亦见于中世纪的神迹剧。在乡镇的赛会上，演员以大车为舞台，为约克、考文垂（Coventry）或柴郡（Chester）等地的民众表演基督的死亡和复活。

演出在圣体瞻礼节（Corpus Christi）举行。这个节日于1264年由教皇乌尔班四世（Urbain Ⅳ）设立，是宗教日历中最后一个非固定日

清教徒撰写措词激烈的小册子，把异教节日说成是魔鬼的游戏。下图：围绕缀花戴冠的五月柱跳摩里斯舞。上图：一头木马。左页图是斯特拉特福圣十字公会小教堂的壁画，表现小鬼把罪人推进地狱城堡大门的景象。到宗教改革时期，这幅画以无益于世道人心之故，上面被刷了一层石灰。

冬天是宴会和室内游戏的季节，演员和江湖艺人习惯在圣诞节期间闯入贵族的宅第。他们即兴演一场戏，唱一首曲，或为摩里斯舞伴奏，给宴会带来意想不到的欢乐。右页图：戴面具的艺人来临。这幅水彩画令人想起《罗密欧与朱丽叶》的开头（Ⅰ，2—4），罗密欧（Romeo）、茂丘西奥（Mercutio）和他们的友人，决定去参加凯普莱特（Capulet）家的面具舞会。凯普莱特对帕里斯（Paris）伯爵说："今晚我要照例举行宴会邀请至亲好友……在舍下您可以见到群星灿烂，照亮黑暗的天空……（罗密欧、茂丘西奥、班伏里奥〔Benvolio〕与五六名友人戴面具，执火把上场。）

期的节日，在每年5月21日至6月24日之间。这段时期阳光充沛，全部演出都可在户外进行。

剧中有的演员演得太过夸张，如演希律（Herod）的那一个便是；哈姆雷特便指出，某一名演员"夸大更胜希律"（《哈姆雷特》Ⅲ，2）。此外，剧中也有粗犷泼辣的场面，如诺亚（Noah）与他的妻子争吵的那一幕；偶也见到现实的笔触和幽默放肆的情趣，如魔鬼上场时。

到了15世纪，道德剧（morality play）把宗教主题世俗化，用寓意手法赋予人物特定的含意，如"普通人""仁慈""疯狂""快乐"等。巡回剧团带来《圣忍之城堡》（*The Castle of Perseverance*）一类的剧目，在城堡里或市政厅里演出，类似今天的马戏团，搭一个临时舞台。道德剧，又称"插剧"（Interlude），在宴会空档时上演，例如《富尔根斯和卢克雷蒂娅》。插剧中有针对婚姻的长篇辩论，还有称作"恶习"（Vice）的丑角人物插科打诨，语涉秽亵。

伦敦市的繁华

所谓“赛会”（pageants），最初是连续几天在中世纪英格兰城镇街头表演的节目。宗教改革以后，宗教仪式行列改为圣乔治日（4月23日），以及圣约翰日（6月24日）的世俗性游行，或一年一度的庆贺伦敦新市长上任的游行（10月29日）。此类游行队伍均由活人组成各式各样的画面。由异兽如骆驼、独角兽、龙等，牵挽大车，扮成天使的童伶在车上献技。打头阵的是受民众喜爱的“野人”，他们手执火炬或鞭炮，为游行队伍开道。在伦敦，此类庆典皆由各家行会筹备，借此向全城炫耀自己的财富和权势。后来才有像德克（Dekker）、海伍德（Heywood）、蒙岱（Munday）那样的剧作家出现，由他们撰写脚本，负责调度。

安吞爵士生荣死哀图

这幅壁画表现安吞爵士的一生，由一位不知名的画家作于1596年，为当时家庭生活的各种礼仪留下见证。画的右方，画家像打开一个匣子般，打开安吞爵士的私宅，让观众进入内部。本页图下方是细部：蒙面的队伍沿螺旋形道路前进，其中有3组戴红面具的贵妇，两人一行，手持弓和花束。中央一个小型室内乐队，演奏各种弦乐器。左上方，长翅膀的神话人物是信差墨丘利（Mercury），后面是戴安娜，按照传统戴月牙冠，执弓箭。10个白色和黑色的小爱神，代表白天和黑夜，他们手中的蜡烛，为这个场面增添了神秘气氛。

通过礼仪：洗礼、婚礼、葬礼

关于莎士比亚的生平，后世能查索到的资料，只有教区记事录中的受洗和结婚记载。然而在他那个时代，人生的各个阶段都有相应的通过礼仪，在传统和宗教上，此类仪式意义重大。关于仪式的表现可上溯到中世纪，并有许多寓意画，如表现安吞爵士（Sir Henry Unton）由出生到死亡的壁画。莎士比亚在《皆大欢喜》中，曾借杰克斯之口提到这幅画。同时代一位法兰德斯画家的油画，则表现了泰晤士河畔伯蒙赛（Bermondsey）村的婚礼场面。宫廷举行婚礼时，常会有演员戴面具扮演配合气氛的神话人物，像婚姻之神许门（Hymen），或主宰妇女生活的天后朱诺（Juno），载歌载舞为大家助兴。

宗教改革之后，这些五花八门的仪式所信奉的宗教戒律，大体上仍旧保留了下来，因为大家仍相信，必须躲开恶魔的影响，或避免坏仙女插手。坏仙女会把在摇篮中熟睡的漂亮孩子偷走，换上一个丑陋的畸形儿。

葬礼亦应如仪，好让死者的灵魂能够安息。但是16世纪末时，封建制度没落，英国名门世家屡遭厄运，葬礼的排场不如从前。

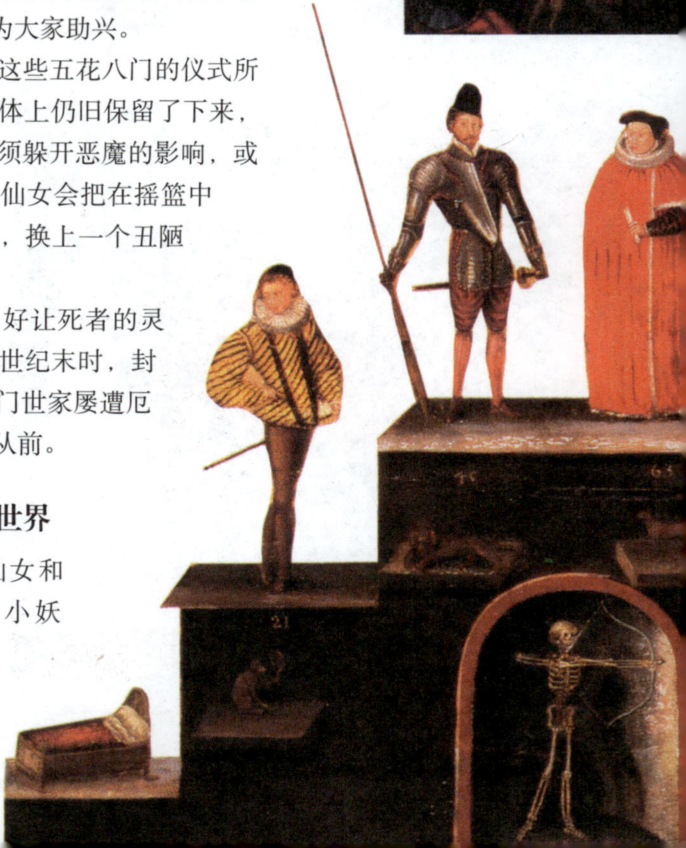

仙女、女巫、神奇世界

淘气小妖精、仙女和其他精灵，如顽皮小妖巴克（Puck）或好人儿罗宾

(Robin Goodfellow)，在当时的民间信仰和文化中名声不佳。他们是爱捣乱的小精怪，只在夜间出现，爱跟凡人开玩笑，又拧又掐，搅得人不得安宁，或者迷惑引诱，把人带进地下王国。他们也会虚拟幻象，令人晕头转向，或者害人做噩梦。这些精怪源自凯尔特(Celte)民俗，常在女王巡视外省时为她举办的娱乐活动中出现，替代或者补充古典神话中的角色，因此在戏剧中甚为流行。莎士比亚让精怪扮演重要角色。在《仲夏夜之梦》中，仙帝奥布朗(Oberon)和仙后提泰妮娅(Titania)，身材与人相等，宛如剧中人物忒修斯(Theseus)公爵，以及亚马孙(Amazon)女战士希波吕忒(Hyppolita)两人在夜间的化身。莎士比亚倾向于淡化他们阴暗、神秘、不吉

乡村婚礼是大吃大喝的好机会……可是结婚也是人生的一个重要阶段。从出生到死亡，从摇篮到棺材，然后化成枯骨，人生分为7个阶段。

“全世界是一个舞台，世人无分男女，只不过是演员。上场下场各有其时。一个人一生要扮演许多角色，表演分为7个阶段。”

《皆大欢喜》

Ⅱ，7

利的一面，而让他们显得淘气好玩，但无害于人。提泰妮娅的侍从女官都有个迷人的名字，如豆花、蛛网、飞蛾、芥子等，当时皆由能歌善舞的男孩子扮演。

反之，人们很怕女巫和她们的妖法。不过，虽然欧洲大陆上流传女巫的种种可怕传闻，说她们深夜赴会向撒旦致敬，在英格兰影响却不大。女巫都是老婆子，有些人怀疑她们向畜群施妖法，或者行魔法害得新郎阳具不举。女巫是《麦克白》中“不祥的姊妹”，代表诱惑和绝对的恶。显见当时的人，对魔鬼和魔法重新产生浓厚的兴趣。

这些信仰和相应的迷信行为，与当时人的心态、农村生活方式有关，也和宗教改革未能清除的异教遗风有关。斯图亚特（Stuart）王朝时期，努力保存了快乐的英格兰形象，以及神话传说中幽暗的，甚至愚昧的部分。到1660年查理二世（Charles Ⅱ）复辟后的时期（The Restoration），作曲家珀塞尔（Purcell）在他的半歌剧《亚瑟王》和《仙后》中，将再予以鼓吹。

幽灵和超自然现象在莎士比亚戏剧中无处不在，仿佛它们占满了当时人的脑袋。在这点上，看得到1世纪的罗马作家塞内加

徒众组成一个魔圈，围着好人儿罗宾跳舞。罗宾被画成长了羊角羊蹄的林神，阳具很大，类似当时清教徒描绘的形象。清教徒把仙女和其他凯尔特民间信仰中的人物，与魔鬼画上等号。

（Lucius Anneaus Seneca）的影响，他的悲剧取材自神话，也有伊丽莎白时代的戏剧作品的影子，如基德（Thomas Kyd）的《西班牙悲剧》（1587）。宣告哈姆雷特之父的幽灵出现时，剧院里一片恐惧。这是个带异教色彩的鬼魂，并非来自基督教信仰中的炼狱，倒是来自根深蒂固的迷信。唯其观众惧怕，扮演鬼魂的演员（似乎就是莎士比亚本人），才能在全场肃静中，一字一句念出他的绝妙独白。对于兼为演员的剧作家，为了使吵吵嚷嚷的池座观众安静下来，以便不必过于提高嗓门就让全场听清楚，鬼魂显灵是个好方法。

女巫总有恶魔相随。恶魔带给女巫魔力，但以吸她们的血为交换条件。《亨利六世》上篇（V, 3）中，贞德（Joan of Arc）将被当作女巫烧死，走投无路之际，乃向魔鬼求助：“来吧，从地下强国召来的精灵啊，再帮我一次，为法国赢得胜利吧！……昔日我用自己的鲜血喂养你们，现在割下一条手臂给你们。”后来贞德仍被活活烧死。至于麦克白夫人，她召唤“注视着人类恶念的魔鬼”，求他们“解除我女性的柔弱，用最凶恶的残忍，从头到脚贯注我的全身……你们这些刽子手，就进入我胸中，把我的奶水变作胆汁吧”！（《麦克白》I, 5）

从结婚到“失考岁月”

年轻的威廉·莎士比亚从学校毕业后，便在家庭的手套工厂当学徒。1582年11月28日，他的名字与一个叫哈瑟维（Anne Hathaway）的女子并列：沃里克

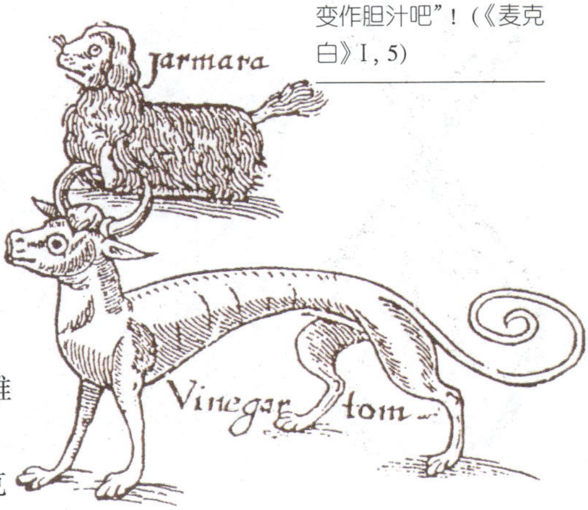

主教特许他娶她为妻。哈瑟维是一名自耕农的女儿，住在斯特拉特福附近的肖特里（Shottery），比莎士比亚大8岁，结婚时已怀孕3个月。1583年5月23日，他们的女儿苏珊娜（Susanna）出生；不满2年，哈瑟维又生下一对双胞胎，女名珠迪丝（Judith），男名哈姆奈特（Hamnet），于1585年2月2日受洗。然后我们就失去所有与莎士比亚有关的线索：即所谓的“失考岁月”。17世纪的作家奥布雷（John Aubrey）在《小传》中说，莎士比亚曾任乡村教师，意思想

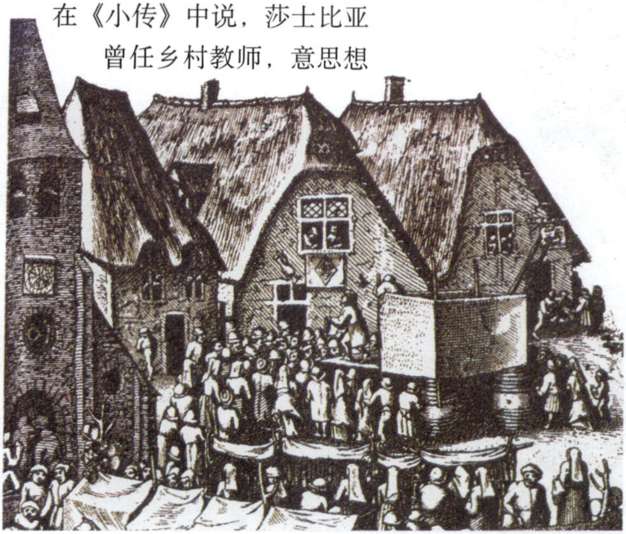

——个江湖戏班在教堂边的广场上搭起舞台。住在客栈里的人，是享有特权的观众，可以在窗口看戏。莎士比亚年轻时候在斯特拉特福所见的，想必是此类简陋的舞台设备。

The Spanish Tragedie:
OR,
Hieronimo is mad againe.

Containing the lamentable end of *Don Horatio*, and *Belimperia*; with the pittifull death of *Hieronimo*.

Newly corrected, amended, and enlarged with new Additions of the *Painters* part, and others, as it hath of late been diuers times acted.

LONDON.

基德的《西班牙悲剧》最精彩的一场戏中，老海罗尼莫 (the old Hieronimo) 深夜发现儿子吊死在花园的棚架下。残酷的复仇由此开始。他佯作疯狂，利用戏中戏达到杀人复仇的目的。这个剧本大受欢迎，对莎士比亚影响甚巨。他后来在《泰特斯·安德洛尼克斯》和《哈姆雷特》中袭用这个手法。

必是说，他曾在某个贵族家中当家庭教师。又据17世纪剧作家戴夫南特（Davenant）的说法，莎士比亚曾在伦敦的剧院里看守马匹，然后当提词人的助手，负责招呼演员上场。比较可信的说法，是莎士比亚在伦敦追随某一剧团，也许是女王供奉剧团。女王剧团的一名演员奈尔（Knell），在一次殴斗中死了，剧团需要人替代他，就选中了年轻的莎士比亚。演戏不需要经验，这门功夫能在舞台上学会。

这个戴伊丽莎白时代的软帽和皮领的女士，可能是莎士比亚的妻子哈瑟维。

Brid well
Blak freres
Benams Castle
Thre Crane
Parys Garden

莎士比亚为首都的蓬勃发展所吸引，
遂在伦敦定居。亨利八世治下仅有
5万人口的小城，到了伊丽莎白时代，
变成20万居民的都市。住房拥挤，
不讲卫生，农村人口蜂拥而来；
豪华的排场、众多的剧院、
激动的民众，熙来攘往的街道……
这便是伦敦。

第二章

伦 敦

每个星期天，人群涌向圣保罗大教堂，听牧师布道。城市以教堂为中心向四面八方发展，房舍鳞次栉比，街衢宽阔。市区边缘有花园和广场，以及供露天散步的空地。

16世纪的伦敦

范围相当于今天的西堤区（the City），南以泰晤士河为界，从西面的舰队沟（Fleet Ditch）到东面的伦敦塔，有一圈半圆形的城墙。城内街巷如迷宫般错综复杂，纵横两条大街贯穿全城：一条由东至西，自新门（Newgate）开始，经过切普赛德（Cheapside）、康希尔（Cornhill）、伦敦肉类市场（Leadenhall）等区，一直到奥尔门（Algate）；另一条由北往南，从主教门（Bishopsgate）到伦敦桥。

伦敦桥是穿越泰晤士河的唯一途径，否则就得搭乘渡船。古老的圣保罗大教堂，屹立在鲁德门（Ludgate）东边的一座小山顶上，在群塔簇拥下俯瞰城区。圣保罗区（Saint-Paul）出版商云集，莎士比亚一度在此居留。

商人和工匠住在城内，市长管辖全城，任期一年，由竭力维护各自特权的12个行会推选。贵族的府

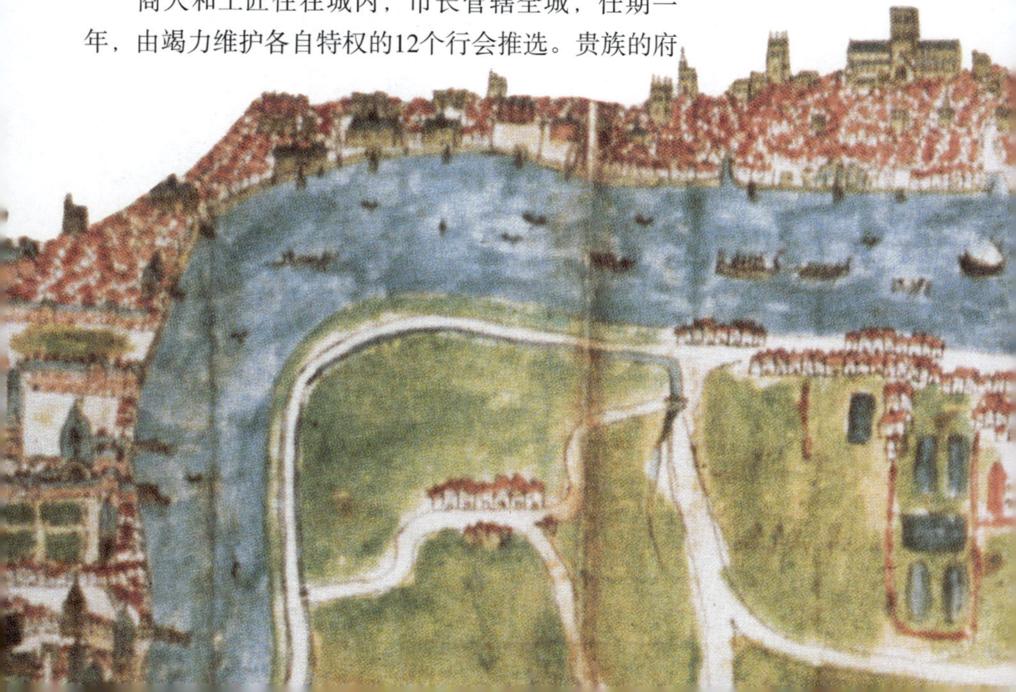

泰晤士河横贯伦敦全城。16世纪时河的南岸尚未开发。河岸区治安不佳，那里设有竞技场，玫瑰剧院和环球剧院后来也建在附近。右岸，自东而西，依次为伦敦塔及其围墙、伦敦桥和教堂的钟楼连成的风景线。早期的圣保罗大教堂敦实的身影突出其间。再往西，贵族的府第一直延伸到威斯敏斯特的住宅区。这些住宅可由塔楼辨认。

第位于西区，萨墨塞特（Somerset House）、萨伏依宫（Savoy）、王宫和白厅（Whitehall）的花园，沿着泰晤士河一字排开，最西边是议会所在，鼎鼎大名的威斯敏斯特（Westminster）。

莎士比亚最初来到伦敦时，这座城市正在大肆扩张。工匠和商人遵守严格的行规，他们必须保护往往与老板同住店中的雇工。工作很辛苦，时间长，没什么消遣娱乐。城内缺乏娱乐场所，因为市政官员尽力维持社会风俗，把各种游戏、演出和剧院，都逐到城墙外面，肖厄迪契（Shoreditch）和河

每年由伦敦市的几个行会推选出新的市长（左图）。为庆贺新市长上任，举行游行时，全城万钟齐鸣。1585年，今日比利时的安特卫普（Anvers）港衰落后，伦敦遂成为繁荣的商

港，大大小小的船舶在河上穿梭，往来如织。康希尔的皇家交易所和圣保罗大教堂，是热闹街区的中心。市中心有书店，常有衣着入时之辈，打扮得光鲜亮丽招摇过市。

岸区（Bankside），或者号称“自由地”的一个独立区域。“自由地”是宗教改革前的修道院领地，享有免税特权，黑衣修士领地就是这样一个地方。不过城墙内有酒馆和客栈，挂着五颜六色的招牌，如“公牛”“大钟”“交叉钥匙”等，在这些地方常常有戏上演。

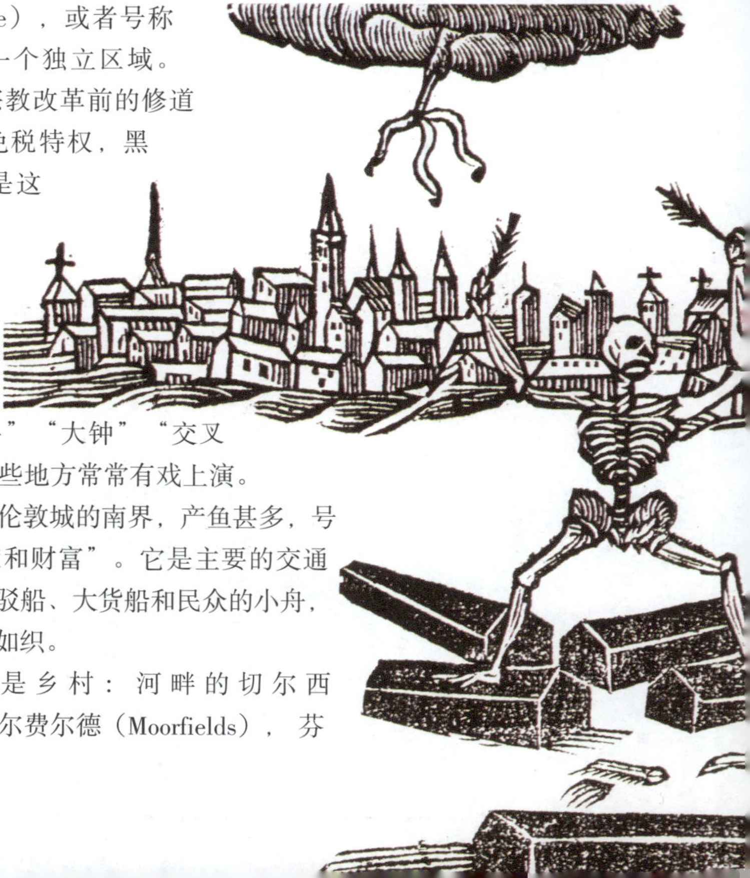

泰晤士河在伦敦城的南界，产鱼甚多，号称“城市的光荣和财富”。它是主要的交通动脉，皇家平底驳船、大货船和民众的小舟，穿梭不绝，往来如织。

出了城就是乡村：河畔的切尔西（Chelsea），摩尔费尔德（Moorfields），芬

从格林威治（Greenwich）远眺伦敦。左图中央的小岛是“狗岛”（Isle of Dogs）。大自然近在城门外，城墙内也有许多花园。瘟疫肆虐，除了放血，唯一的治疗方法是把迷迭香塞进鼻孔和耳孔。染上瘟疫的房屋用木板钉死，然后在木板上涂一个红十字。屋内居民不管是否得病，遂与外界隔绝。《罗密欧与朱丽叶》中，约翰（John）神父自述，在曼多亚（Mantua）城时，巡逻人员怀疑他“走进一家染着瘟疫的人家，把门封锁住了，不让我们出来”（V，2），因此耽误了给罗密欧送信，告诉他朱丽叶（Julia）实为假死。

斯伯雷（Finsbury Fields）有射箭场，星期天市民来帕丁顿（Paddington）散步。河滨大路（the Strand）西端，宫殿府第四周，尽是公园和花园，一直延伸到白厅村。

鼠疫肆虐

农民从四面八方拥来，城内的人口激增，王室大感不安，因此下令禁止在距城墙不到2000米的范围内，建造任何新的建筑物。附近的乡村和花园于是成为建筑地，结果是卫生状况恶化，后来瘟疫在这些街区肆虐。

居民以为这是上帝降灾，惩罚伦敦城的恶习。剧院首当其冲，立即被勒令关门。不过，与其说关闭剧院是为了防疫，不如说是

为了整顿风俗。当时人不知道，鼠疫由黑家鼠通过跳蚤传播，而民宅里的老鼠不计其数。1564、1593、1603和1623年这几年间，鼠疫猖獗，总共夺走10万伦敦人的生命。疫情从近郊向市中心推进蔓延。每有运尸车前往公墓，经过之处丧钟纷纷敲响。

伦敦塔和伦敦桥

城墙外面，剧院、马戏场和妓院为邻，乞丐、小偷、小贩等作奸犯科之辈聚居于此。这个区域因此多少有点为王化所不及，也在一天的某些时刻变得危

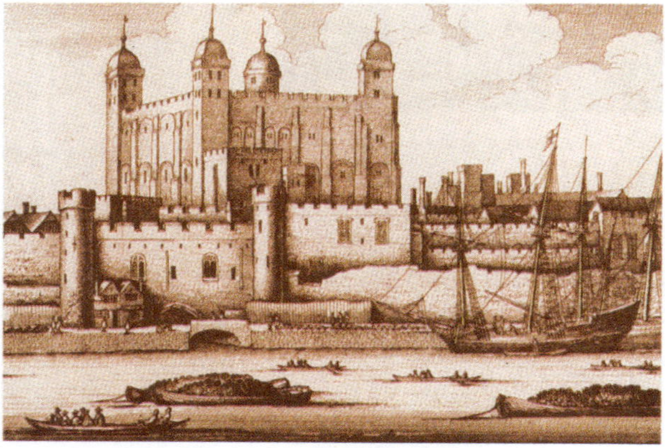

险，虽说犯罪率不见得比伦敦其他地方高。

要到城外，必须先穿过伦敦塔名声不佳的围墙。塔里不仅关着政治犯，还养着皇家动物园的动物，包括有名的狮子，以及一个从美洲带回来的印第安人。然后必须上伦敦桥。伦敦桥约建于12世纪末，20个石拱托起的桥面上建有两排房舍，只为行人和车辆留下一条狭窄的通道。

伦敦塔是座巨大的堡垒，专门用来关押被指控犯下叛国罪者，不少悲惨的故事曾在其中发生。《理查三世》中，葛罗斯特（Gloucester）公爵依照他的国王哥哥爱德华四世（Edward IV）的命令，派了刺客杀害囚禁在塔中的克莱伦斯（Clarence）公爵。后来他又下令处死爱德华的两个儿子，不让他们继承英国王位。第三幕中，葛罗斯特公爵心怀鬼胎，劝王太子“在塔里休息一两天”。太子回答说：“我一点都不喜欢伦敦塔。爵爷，它真是恺撒建的吗?”文艺复兴时期，塔内还有皇家动物园，养着狮子和熊。伦敦桥是泰晤士河上的唯一通道，桥两侧都是商店，只留下狭窄的桥心供人通行。守桥人住的桥门（Bridge Gate）上方，用长矛挑出砍下的叛臣首级，以示皇家法纪之森严。

莎士比亚震撼

从莎士比亚的双胞胎子女哈姆奈特和珠迪丝出生后，我们就找不到他的行踪，没有他的消息了。但是到了1592年，他突然露面了。

这要感谢罗伯特·格林（Robert Greene）死后发表的小册子。此人是作家，也写剧本。罗伯特·格林那本书，不仅是年轻的莎士比亚名震舞台的唯一证词，也披露了当时剧院的习俗，以及演员和编剧间的明争暗斗，亦得窥见各家剧团如何竞争。

1599年，瑞士旅行家普莱特(Thomas Platter)说他“与友人渡河至彼岸，在茅草顶的房子（环球剧院）里，观看恺撒悲剧的出色表演”。

这本小册子题为《百万分忏悔买得一分才智》，于作者死后3个月出版。格林攻击一个他称为“暴发户，借我们的羽毛装点自己”的人。为了使影射更加刻薄，他还形容此人是“演员的皮，包藏起虎狼的心”。这句话借用了《亨利六世》下篇里，约克公爵对玛格丽特王后的谴责：“用女人的皮，包藏起虎狼的心。”（I，4，138）小册子作者接着说，这位剧作家“以为装腔作势地写几句无韵诗，就可以与你们的佼佼者媲美；他十足是个打杂的，却自命为举国唯一声震舞台（Shakescene）的人物”。“声震舞台”与莎士比亚的姓氏显然谐音，不是高明的文字游戏，但颇为挖苦。

在莎士比亚时代，作家往往是笔耕的苦力，他为某位权贵效力，权贵给他赏金或管他食宿。报纸尚未出现，卖文所得甚微。浮士德博士对研究学问深感厌倦，又渴望参透世间的秘密，不惜把灵魂卖给魔鬼，换取唯黄金才能买得的权势和快乐。原因无他，在那个时代若想成功，除了在朝为官，仅有的途径是写出每场演出能招徕2000名观众的剧本。

同时代人和师友

莎士比亚突然出现时，文坛并非一片沙漠。16世纪时，戏剧已成为一种习俗，一群年轻文人有志借此出人头地。带头的人是黎里（John Lyly），也写风格矫饰的小说。其中一部小说的主角名叫优福斯（Euphues），英文中因此有了“euphuism”（优浮逸思文体）一词，专指浮华绮丽的文体。黎里的剧本有的是以神话为题材的娱乐剧，如《月中人恩狄迷翁》（1591）和《加拉西亚》（1592）；有的是取材于民俗的喜剧，如《彭比大妈》（1594）。由男孩组成的剧团为宫廷演出这些剧本，甚为成功。

另一位剧作家皮尔（George Peele）以两个剧本闻名：一是《帕

NNO. DNI ÆTATIS SVÆ 21
1585
OD ME NVTRIT
DESTRVIT

里斯的审判》（1584），属牧歌风味的假面娱乐剧；二是《老妇之谈》（1595），取材于骑士传说，戏中有戏，结构上颇具巧思。至于莎士比亚那个倒霉的对手罗伯特·格林，他写的剧本混杂神怪和史实，情节在多个层面上展开。

不过，伊丽莎白时代的戏剧之所以百家争鸣，主要归功于作家马洛（Christopher Marlowe）和基德两人。这两位作者都写戏剧张力很强的悲剧。既有的张力配上名角阿林（Edward Alleyn）的表演——他朗诵马洛的诗句时声若洪钟，荡气回肠，玫瑰剧院的观众闻之无不深受感动，为之动容。

马洛28岁时，在伦敦附近一家客栈与人争吵，被对方用刀刺中，伤重不治，英年早逝。马洛的主角或是征服者（帖木儿〔Tamerlan〕），或是幻想家（浮士德〔Faustus〕），渴望把知识或人的能力推向无限。马洛本人足堪代表文艺复兴时期的人。

基德写了以复仇为主题的《西班牙悲剧》。他首创一种招数，后来常被模仿：剧中主角海罗尼莫佯作疯狂，为了复仇而安排演出有流血场面的戏剧，然后假戏真做，达到复仇的目的。莎士比亚写《泰特斯·安德洛尼克斯》时，便袭用了这种手法。

这些戏剧家在莎士比亚来临前都出过风头。马洛不幸早逝，从斯特拉特福来的那个人就没有敌手了。前途无可限量，他将如格林在册子中所说的，借用卓越前辈的羽毛装点自己。

演员莎士比亚来到伦敦时，玫瑰剧院里仍旧回荡着马洛铿锵有力的诗句。早熟的天才马洛，是坎特伯雷（Caterbury）一名鞋匠的儿子，27岁时就已完成他的重要作品。一年后，他死于小酒店中的一场殴斗。这可能是政治谋杀，因为这个奇才也是皇家的密探。莎士比亚努力接过马洛传下的火炬。在《亨利六世》上、中、下篇里，他的风格显然受到马洛华美夸张的文风影响。

历史学家霍林希德的《编年史》初版（1577）里，有一幅插图里画的是在一个木台上当众执行砍头。犯人有权在受刑前向公众发表演说。在《亨利六世》和《理查三世》中，莎士比亚一再提到这种血腥场面。

莎士比亚飞黄腾达

莎士比亚加入当时最优秀的剧团，又早早摆脱了竞争对手，就要出人头地了。他的成功代表了新一代职业剧作人的胜利。

从1590到1597年（或作1598年），他主要创作历史剧，可分成两组四部曲。第一组四部曲包括《亨利六世》上、中、下篇和《理查三世》，第二组包括《理查二世》，《亨利四世》上、下篇和《亨利五世》。莎士比亚从历史学家霍林希

德（Holinshed）身上得到灵感。霍林希德的《英格兰、苏格兰与爱尔兰编年史》1577年出版，1587年再版时附有图表和旁注，既美观又好用。莎士比亚还写了一个单行剧本《约翰王》。故事发生在13世纪：无地王约翰（John Without Land）

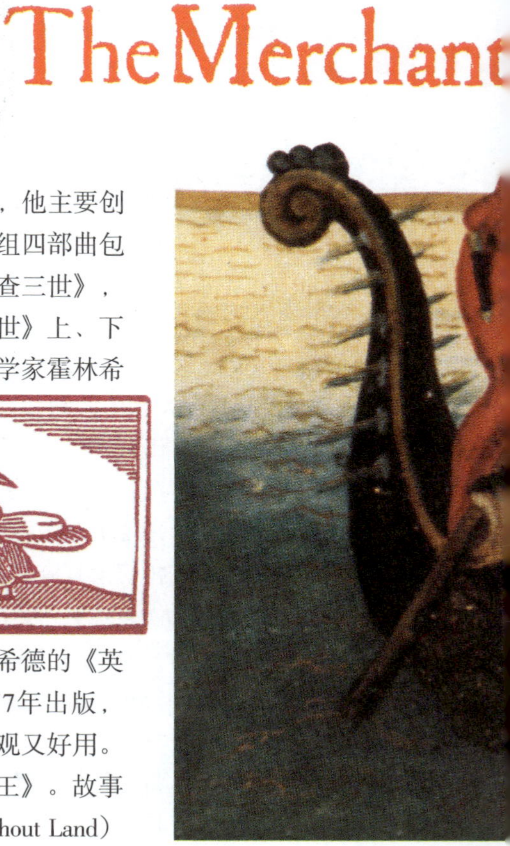

废黜了年轻侄儿亚瑟（Arthur）的英格兰王位，但是法国国王，威严的菲利普（Philippe）认为，约翰非法登基。被囚禁在英格兰的亚瑟死后，法国国王、教皇特使和英国贵族联合起来对付约翰。他抵挡不过，逃到史温斯丹（Swinstead）修道院去避难，1216年被一名修士毒死。

从1593到1600年，莎士比亚把6部喜剧搬上舞台，依年代先后分别为《错

莎士比亚的喜剧往往取材于民间传说或笑闹剧，让人们看到世界的反面。如在《驯悍记》中，彼特鲁乔（Petruchio）得想办法制服他坏脾气的未婚妻凯萨琳（Catherine）。他成熟期的喜剧，尤其是《威尼斯商人》，提出一些较严肃的问题，比如司法的性质等。剧中，商人安东尼奥（Antonio）向犹太人夏洛克（Shylock）借了1000达卡（ducat）银币，无力偿还，夏洛克准备从他身上割取一磅肉作为补偿。

误的喜剧》《驯悍记》《温莎的风流娘儿们》，抒情的《仲夏夜之梦》和《威尼斯商人》，以及略带看破红尘意味的《第十二夜》。

在悲剧方面，他受塞内加和基德影响，写下了有流血场面的复仇剧《泰特斯·安德洛尼克斯》以及《罗密欧与朱丽叶》。《罗》剧以激情为主题，以喜剧开场，悲剧结尾。除了极特殊的例子外，莎士比亚并不凭空编撰人物和情节。他从民间传说和其他作者的作品中汲取题材，顶多做些改动，以便故事适合舞台演出，更加吸引观众。这样一来，他就能掌握当代人最关心的问题和主要的流行题材，不管是民族历史、爱情波折，还是复仇、疯狂或巫术。他写的大部分剧本都很成功，证明他的直觉没有错。

演员、剧作家和股东：都是莎士比亚

格林的攻击，与斯特雷恩吉勋爵剧团内部愈演愈烈的敌对情绪有关。莎士比亚是斯特雷恩吉剧团的成员，剧团在玫瑰剧院登台，经纪人是亨斯洛（Philp

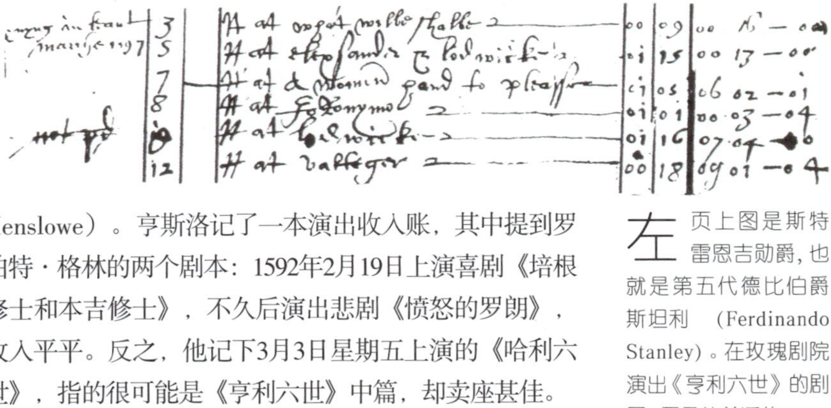

Henslowe）。亨斯洛记了一本演出收入账，其中提到罗伯特·格林的两个剧本：1592年2月19日上演喜剧《培根修士和本吉修士》，不久后演出悲剧《愤怒的罗朗》，收入平平。反之，他记下3月3日星期五上演的《哈利六世》，指的很可能是《亨利六世》中篇，却卖座甚佳。

很不幸，莎士比亚刚开始走红时，一场瘟疫降临，市政当局再次命令关闭公共剧院。剧团解散，演员各奔东西。莎士比亚不得不离开舞台，便去写叙事诗《维纳斯与阿都尼》和《鲁克丽丝受辱记》，并把这两部作品献给南安普敦（Southampton）伯爵赖奥思利（Henry Wriothesley）。

左页上图是斯特雷恩吉勋爵，也就是第五代德比伯爵斯坦利（Ferdinando Stanley）。在玫瑰剧院演出《亨利六世》的剧团，便是他养活的。

在托吞，王后不让亨利国王参战。国王只能旁观士兵厮杀拼命，因而羡慕牧羊人的生活（《亨利六世》下篇，Ⅲ，5）。

皮拉摩斯（Pyramus）和提斯柏（Thisbe）是一对受命运捉弄的恋人（左图）。他们的故事见于奥维德的《变形记》，乔叟（Chaucer）和莎士比亚都由此取材。莎士比亚先在《罗密欧与朱丽叶》中用悲剧形式表现这个故事，然后在《仲夏夜之梦》的结尾把它变成滑稽的插曲，让工匠们在忒修斯的宫廷中演出。剧作家以不同风格反复处理同一情节，观众从不厌烦，他们对剧作家的唯一要求是让自己开心。所以必须运用一切戏剧手法，既逗笑，又赚人热泪。莎士比亚擅长此道，他只要稍稍改变前景或气氛，就能达到目的。

从1594年年底起，他与另外两名演员，肯普（William Kemp）和理查·伯比奇（Richard Burbage），与宫内大臣剧团一起重登舞台，在圣诞节期间为宫廷演出《错误的喜剧》。斯特雷恩吉勋爵于1593年4月16日去世，他的剧团于1594年转归宫务大臣卡莱（Henry Carey）保护，以詹姆斯· 伯比

奇（James Burbage）经营的剧院为演出场所。这个剧院的名字就叫“剧场”（The Theatre），位于城墙北边，主教门外。剧团与亨斯洛和名演员阿林分道扬镳，阿林演马洛悲剧的主角极受欢迎。亨斯洛与阿林投靠海军大臣剧团，在泰晤士河彼岸的玫瑰剧院落脚。

宫内大臣剧团的组织方式与众不同：6名主要演员出资成为股东，直接提取部分演出收入为股息。海军大臣剧团的演员和编剧，由亨斯洛支付薪金，受他笼络。宫内大臣的演员在经济上是独立的，只向剧院主人詹姆斯·伯比奇交纳房租。此后，莎士比亚不再更换剧团——此事罕见，值得一提，他从此致力于巩固自己演员和编剧的地位。除了要上台演出以外，他平均每年写两部戏，到1608年写作速度才放慢。事业刚起步就择定一个固定地点和固定剧团，他因此能迅速巩固自己的编剧声望，并且在有生之年，就成为伊丽莎白和詹姆斯一世时代最受欢迎的剧作家。

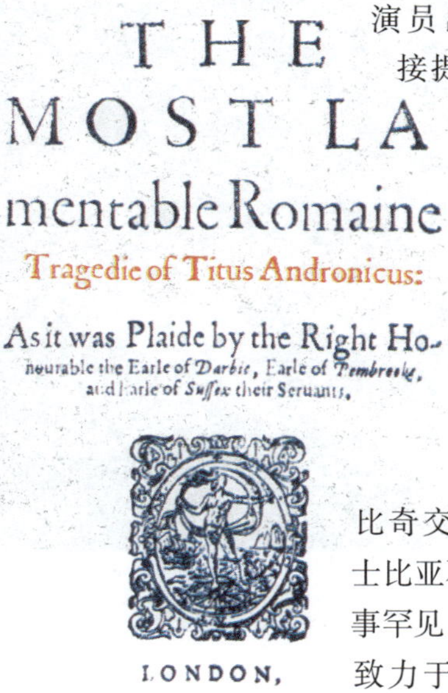
THE MOST LAmentable Romaine Tragedie of Titus Andronicus:
As it was Plaide by the Right Honourable the Earle of Darbie, Earle of Pembrooke, and Earle of Sussex their Seruants.
LONDON,

LVCRECE.
LONDON.
Printed by Richard Field, for Iohn Harrison, and are to be sold at the signe of the white Greyhound in Paules Churh-yard. 1594.

《鲁克丽丝受辱记》（上图是诗集封面），是一首阴郁的长诗，莎士比亚日后写作的悲剧所关注的东西，在此已露端倪。

左图作于1595年，是同时代人所画的莎士比亚戏剧场景唯一传世的。原图绘在一页抄有40行《泰特斯·安德洛尼克斯》诗的纸上。纸的左侧空白处，有教师兼画家皮柴姆（Henry Peacham）的签名。画中央，哥特人（Goths）的女王塔摩拉（Tamora），哀求泰特斯（Titus）不杀她两个儿子。右方，肤色黑如檀木的摩尔人（Moor）艾伦（Aaron），左手执剑。泰特斯和塔摩拉的衣着多少符合历史，而军队的装束则属伊丽莎白时代。

戏剧：扬名立万的阶梯

罗伯特·格林称为“暴发户”的那个人，很快就显露出对财富的欲望，尤其是房地产。他一味聚财，无情地追逐债务人。

莎士比亚的姓名既出现在税务账目上，也见于他与邻居的诉讼记录上。我们由此得知，从1599年起，他在泰晤士河彼岸的南华克（Southwark）一处新建的环球剧院住过一段时期；温彻斯特（Winchester）主教的账目上，则把莎士比亚列为不按规矩纳税的人。

1602年，他买下50公顷土地。1605年，他出资440英镑，收购了斯特拉特福什一税的部分包税权，每夸特获利60镑。他的诗作已为他赢得南安普敦伯爵的恩

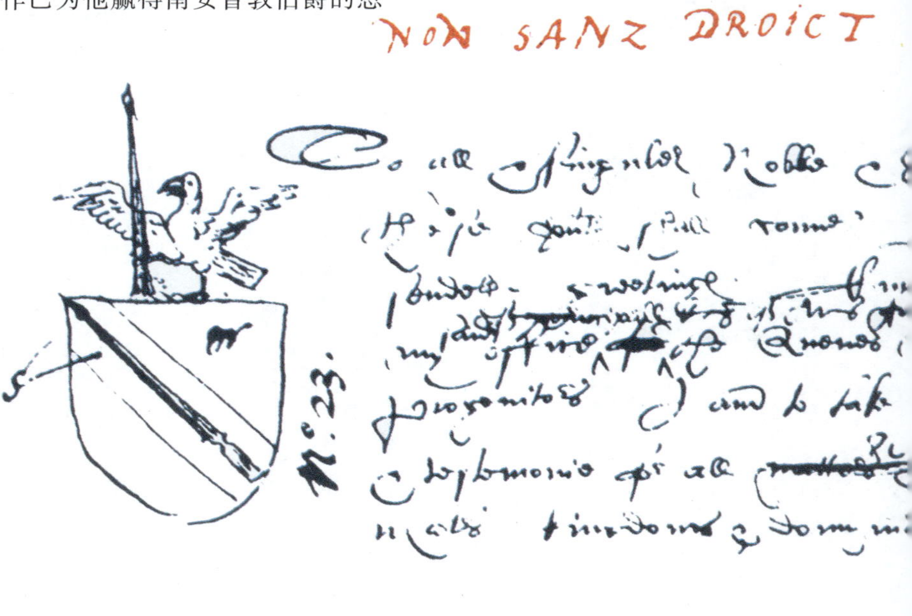

宠，伯爵为感谢莎士比亚替他写了《维纳斯与阿都尼》和《鲁克丽丝受辱记》，赠给他1000镑。戏剧将为他带来更大的财富。

莎士比亚离开故乡时一文不名，25年后，跻身于斯特拉特福的巨富之列。

乡绅演员

1596年，他向当局申请乡绅（gentleman）头衔和使用家徽的权利。多年前，他父亲曾提出同样的申请，但是没有结果。此类光耀门楣的要求不乏先例，与他同一剧团的演员，理查·伯比奇、赫明（Heminge）、柯莱（Cowley）、波普（Pope），还有他的斯特拉特福同乡昆尼（Richard Quiney），都获颁乡绅头衔。昆尼的儿子托马斯（Thomas），1616年成为莎士比亚的女婿。

这一次，他所请获准。保存在传令官学校的文件底稿上载明，授予莎士比亚世袭乡绅头衔，是为了表彰他家的祖先勤劳王事。这是一个信号，表明演员的职业终于得到社会的尊重。由于莎士比亚在戏剧上的杰出成就，农夫的孙子成为拥有贵族身份的伦敦人。

在鼠疫流行，伦敦的剧院统统关门的日子里，莎士比亚写了两首叙事诗，献给南安普敦伯爵赖奥思利（左页图）。诗人得到1000镑的酬劳，在当时是个大数目。莎士比亚获封为乡绅后，获得如上图家徽：“金色，右斜线黑条纹上一金矛，镶银头。上方饰章或图案为一展翅猎鹰。”并有格言：“不无权利。”下图是证明他有权使用家徽的文件字样。

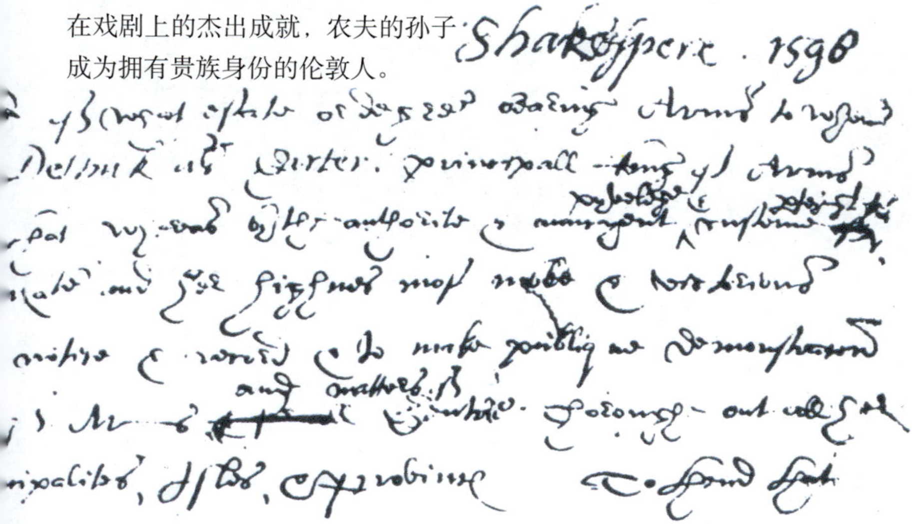

GLOBE . SOUTHWARKE .

莎士比亚现在有了乡绅头衔，
是剧作家兼演员，
还是宫内大臣剧团的台柱。
他充分利用当时的戏剧所能提供的资源，
众多剧院、三教九流的观众、
丰富的角色类型：一切皆已就绪，
有待他完成伟大的作品。

第三章

戏剧世界

“世界即舞台”，人人都在演戏。莎士比亚的剧团摘取了佩特罗尼乌斯（Petronius）的这句名言，把它刻在环球剧院的门楣上。戏剧是人生的翻版，善恶的镜子。有了这项见解，便把小丑这个呈现了人生兼清醒又可笑之两种面向的角色，推向舞台前沿。“弄臣”也叫“杂衣”（motley），因穿杂色衣服而得名。

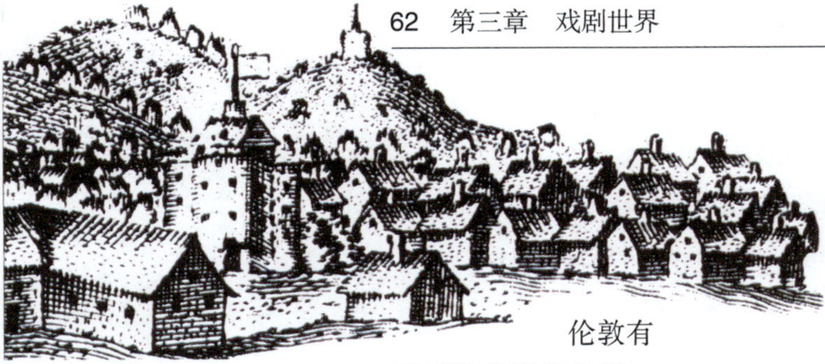

伦敦有了固定的演出场所：“剧场”剧院、帷幕剧院，以及后起的玫瑰剧院、天鹅剧院、环球剧院、命运剧院。至于产生了神迹剧、道德剧和插剧的外省，便相形见绌了。这是个全新的局面，但是在1576年到1584年之间少见好的剧本。1584年（或1587年）至1593年之间，马洛和基德的杰作，如《帖木儿》和《西班牙悲剧》搬上舞台，由阿林那样杰出的演员来演更是增光生色。

位于城北的“剧场”和帷幕剧院资格最老，是詹姆斯·伯比奇的产业，他的本业是细木匠。在泰晤士河彼岸，南华克以西，亨斯洛于1587年建造了玫瑰剧院。他的竞争对手首饰匠朗莱（Philip Langley），于1595年建造了天鹅剧院。天鹅剧院没有常驻演出的剧团，难与海军大臣剧团和宫内大臣剧团竞争。

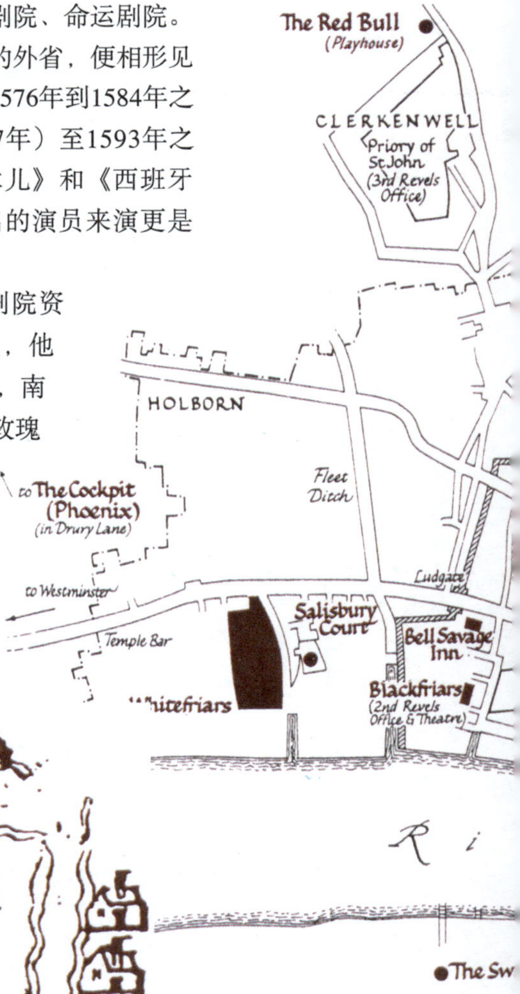

1597年7月，彭勃洛克（Pembroke）剧团在天鹅剧院演出，上演纳希（Nash）的剧本《狗岛》。当局认为此剧鼓吹犯上作乱，关闭了剧院。

借助莎士比亚时代的版画、风景画和地图，我们可以大致了解当时伦敦的公共剧院。64页上图，帷幕剧院顶上挂着旗，表示正在演出。左页下图是天鹅剧院。本页上图，早期的环球剧院。跨页图是当时的伦敦地图，图上标出各家剧院的位置。

环球剧院

1596年，“剧场”剧院的地皮租约到期，詹姆斯·伯比奇为续缔租约伤透脑筋。他让了步，但仍找不到解决办法，临死时把难题留给儿子柯斯伯特（Cuthbert）。柯斯伯特胆子大，点子多，赶在租约于年底到期前，1598年12月28日，派了木工斯屈里特（Peter Street），率领12

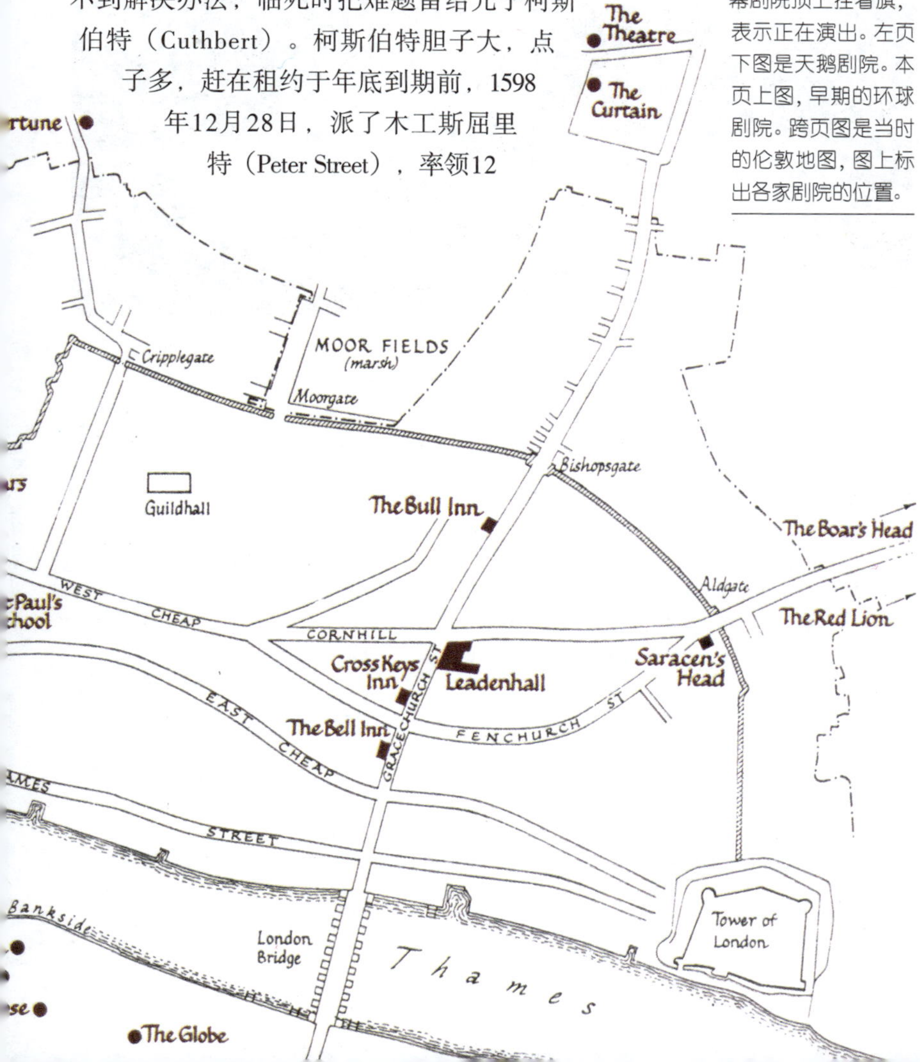

名工人拆除剧院。工人把木料运到泰晤士河对岸的南华克，离玫瑰剧院不远的一块地皮上。不到8个月，他们建造了环球剧院，就是《亨利五世》开头，合唱队提到的那个漂亮的“木头圈子”。同时，在地皮的主人勃仑德爵士（Sir Nicholas Brend）、伯比奇两兄弟（柯斯伯特和演员理查），以及宫内大臣剧团的5个演员之间，建立起一种新型的合作关系。5个演员中有莎士比亚，他也成为屋主（householder）。

亨斯洛敌不过新剧院的竞争，次年又迁回泰晤士河对岸。他在克里普门（Cripplegate）以北的芬斯伯雷免税区（Finsbury），建造了命运剧院，地皮是

莎士比亚笔下常提到狗与牛相斗。如在《特洛伊罗斯与克瑞西达》中，性喜讥讽的忒耳西忒斯（Thersites），看着帕里斯（Paris）和墨涅拉俄斯（Menelas）格斗时说：“那戴绿帽的跟那奸夫正打起来了。出力，公牛！去，狗子！咬他，帕里斯！咬呀！”

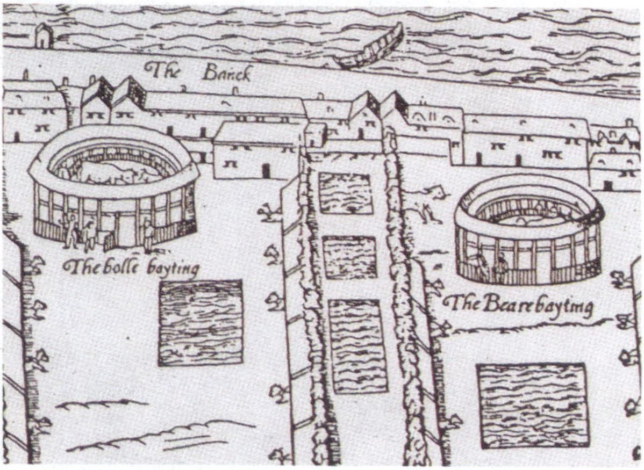

斗熊（bear baiting）也常在莎士比亚戏剧中出现。这是在特设的场地上，放出猛犬与拴在木桩上的熊斗杀。如在《裘力斯·恺撒》中（Ⅳ, 1），屋大维对安东尼说："我们困住了，仿佛走投无路的白熊。"又如麦克白受到马尔康（Malcolm）统率的大军追击时，自比困兽犹斗："我逃不走，但我必须像熊一样挣扎到底。"（《麦克白》V, 7）熊在被狗群咬死之前，往往也能杀死几条狗。

他的女婿、名演员阿林于1599年购置的。亨斯洛投入另一桩大规模的房地产生意，把河岸区西边的斗兽场和"熊园"（Bear Garden）改建成希望剧院（The Hope），兼作斗兽和演戏之用。

公共剧院的建筑样式

后来，奉议会之命，上述剧院均于1624年至1644年间拆毁。历史学家为了再现这些剧院，根据保存下来的图画、地图、契约和各种文件，详细加以研究考证。剧院建筑高12米，平面为直径约25米的圆形或八角形。纵深4米的地方，留给3层围廊和包厢，大厅所占进深不超过20米，包括一个垫高的长方形舞台，宽12米，伸入厅内8米。由此可见，此类剧院一般均甚为逼仄，同时登台的演员总共

Het Haene gefecht

《亨利五世》上篇序幕中，合唱队问道："这一个斗鸡场容得下法兰西的辽阔田野?"邻近河岸区各家剧院的斗鸡场是圆形建筑，性质类似剧院。下注者围着相斗的两只鸡坐成一圈，那专心致志与积极参与的程度，不亚于环球剧院里看戏的观众。根据瑞士的一名游客普莱特的说法，赌注有时甚为巨大，一场争斗可以延续四五个小时。斗鸡场也是德吕里巷（Drury Lane）一家私人剧院的名字。1660年王政复辟时，剧院解禁，斗鸡场剧院上演的首出戏，是莎士比亚的《配力克里斯》。

不能超过12人。命运剧院可容纳观众1600人，环球剧院1400人，“剧场”剧院则比较小，仅能容纳1000人。

下图为天鹅剧院，1596年，荷兰人范·布契尔（Arend van Buchel）根据友人德·维特（Johannes de Witt）的速写绘制而成。范·布契尔加上说明：“伦敦最大、最出色的剧院名为天鹅，能容纳3000名观众。”

剧院内部结构

这些剧院的结构相同：舞台的一部分，由用两根柱子支撑的茅草屋顶遮蔽。整个建筑的屋顶称为“天顶”（ciel）。莎士比亚的剧院顶上饰一地球，屋顶上还有拉丁文箴言“totus mundus agit histrionem”，意思是“世界即舞台”。

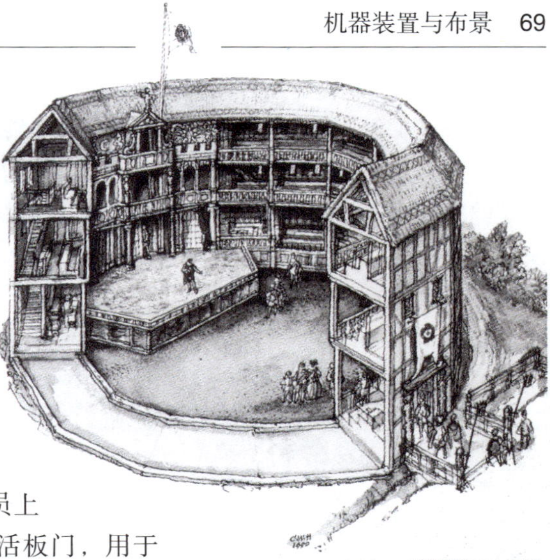

舞台朝露天的剧院中心延伸，旁边是一圈有屋顶的走廊，共有3层。演员化妆室设在舞台背后。位于舞台上方的走廊独立出入，可容纳观众或乐队，或者充当补充舞台（如《罗密欧与朱丽叶》中阳台那一场戏）。后台（mimorum aedes）辟有两扇门，供演员上下场。舞台地板上有一扇活板门，用于让鬼魂出现和消失，或者用来埋葬死人。顶层有一小阁楼高踞，内设机械装置，道具、神仙由此冉冉降落舞台。每当有演出时，屋顶上就会挂起绣有剧院名称与徽记的旗帜。

玫瑰剧院（上图为复原图）的舞台装置，能制造惊人的效果。环球剧院的设备较差，有《亨利五世》序幕中的话为证：“在这个木头的圆柜子里，可真塞得进那么多将士？只消他们把头盔晃一晃，阿金库尔的空气就跟着震荡！”下图看来像是某个舞台的草图。

伊丽莎白时代的舞台

舞台的结构具象征意义，宜使用可移动的布景和道具。亨斯洛在他的《日记》中详细列出了这些东西：桌子、椅子、剑、丘比特的弓、画在布上的太阳

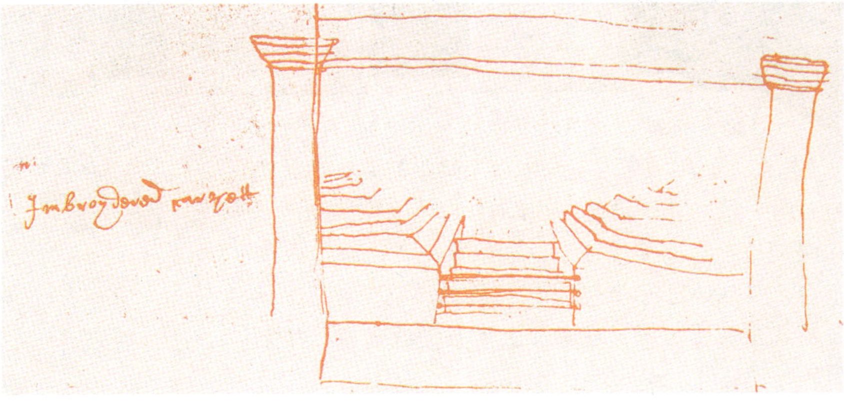

和月亮、岩石、建筑物乃至穆罕默德的脑袋、一道彩虹、信差赫耳墨斯（Hermes）的神杖、金苹果树、一堆毒龙或者一口活烹犹太人的大锅子（马洛的《马耳他的犹太人》结尾，巴拉巴斯〔Barabas〕被推入一口滚油锅）。

地点的变换由剧中人道出，或者用一块字牌表示。要在露天剧院表现夜晚场景是个难题。一支蜡烛或者一把象征性的火炬，就能把观众带入夜晚：正如《亨利五世》开头合唱队所说的，戏剧效果仰赖于观众的想象力，而不是逼真的舞台布置。台词足以弥补不足之处，使场景活起来。如在《李尔王》中，当瞎眼的老人想跳崖自杀时，他的儿子埃德加（Edgar）让他相信他已站在深渊边上，向他描述下面的景象：“眼睛这么往下看，竟是触目惊心！在半空盘旋的乌鸦，看起来还没有瓢虫那么大……在海滩上走着的渔夫像只小老鼠……”此外，演员鲜艳夺目的服装，往往也为空空

16世纪时的术师兼哲学家弗卢德（Robert Fludd），画了若干出自想象的剧院舞台，帮助记忆。他可能受到环球剧院的启发。图中，通向舞台的5扇门代表5个关键，借此可以进入5个特定的领域。地板上的5个圆形和菱形也是一个猜字画谜（rébus）。

“我们出生时忍不住放声大哭，因为竟来到一个全是傻瓜的大舞台。”

《李尔王》Ⅳ, 6

荡荡的舞台增添色彩，带来几分热闹。

演出自始至终都有乐队现场伴奏。音色各异的乐器奏出丰富的音响，像鼓和小号这样的乐器，就使战斗场面更动人心魄。

演出结束时，常见演员们跟着吉格（jig）舞的节拍，即兴表演一段讽刺性的歌舞闹剧。

观众

当时推行等级票价制，票价差很多，所以公共剧院成为大众剧院。楼下的票价不到1便士，但都是站票，票价只要一名伦敦工人周薪的十二分之一，谁都买得起。有顶回廊里的坐票每张约6便士，是为城里的富商乡绅准备的，相当于一册四开本剧本的价钱。

观众的人品极杂。清教徒免不了讥讽，无赖、小偷和妓女齐聚于此，认为剧院和周围的妓院同是藏污纳垢之所。

虽然剧院的观众服色各异，吵吵嚷嚷，边看演出边吃喝，不过也知道用笑声和泪水表达出他们感受到的激动。他们喜欢华丽的词藻，当玫瑰剧院和环球剧院的名角，阿林或者理查·伯比奇吟出长段诗句时，无不与之共鸣。

“请你在念这段台词时，要一个字一个字打舌尖轻快地吐出来。要是你也像多数伶人一样，只会扯开喉咙嘶叫，那我还不如叫那宣读告示的公差去念……应以自己的常识为师，把动作和语言配合起来，特别要注意不能违背人之常情。因为，不近情理的描写，有违表演的原意。自有戏剧以来，其目的始终是映照人生，显示善恶的本来面目。”

《哈姆雷特》Ⅲ，2

福斯塔夫："我生来是一个正经的绅士，难得发誓：一星期顶多掷个七回骰子，一年之中，逛三四百次窑子……过着很纯正很有规律的生活。"

《亨利四世》

上篇，Ⅲ，3

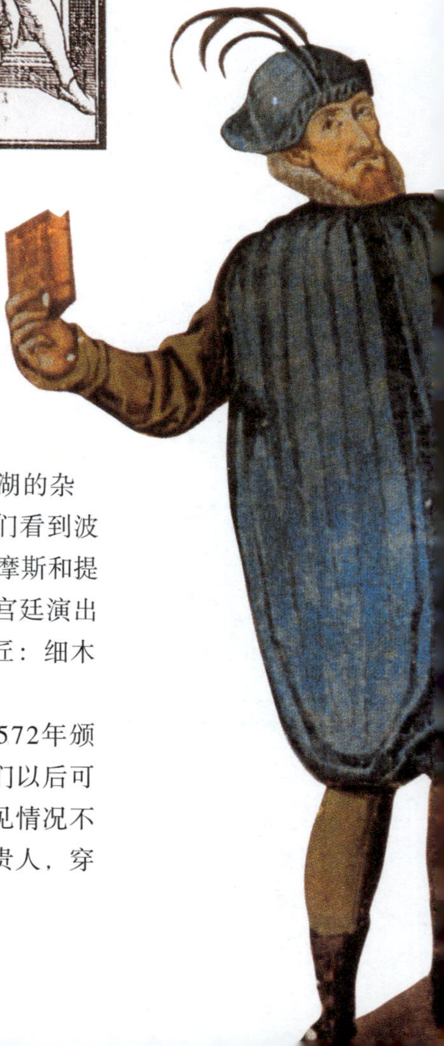

演员成为一个专门的职业

16世纪末的英国，出现职业演员是新鲜事，但赞扬他们的话往往是溢美之词。

本来，演员是手工业行会的成员，在瞻礼日神迹剧或道德剧中做演出属业余性质。有些人在集市上或乡村广场上演出哑剧，或者在走江湖的杂耍戏班里表演。如《仲夏夜之梦》中，我们看到波顿（Bottom）和他的剧团，努力排演《皮拉摩斯和提斯柏》，指望在忒修斯公爵的婚礼上能为宫廷演出一场，参与排演的演员都是各行各业的工匠：细木匠、裁缝、风箱修理工……

政府为了打击游手好闲和犯罪，于1572年颁布法令，视演员为潜在的嫌疑犯，抓到他们以后可以把他们送入监狱，鞭打并且烫上烙印。见情况不妙，演员们赶紧想办法自保，投靠某个大贵人，穿上贵人家的制服，佩戴家徽，等等。

宫内大臣剧团原来只有8名主要的演员，不过，伊丽莎白女王死后，1604年，增为12名。国王陛下开恩，让他们组成国王供奉剧团，特准他们在詹姆斯一世进入伦敦城的仪式中，列队游行。

每个演员拥有的股份大小，视他出资多少以购买剧团的家产、道具和服装而定。他是这些财物的所有者之一。股东享有回廊座位收入的一半，另一半用于支付剧院租金及维修费。总收入虽然因时而异，但它总代表一笔可观的款项。

演员是剧团的核心。另外，还有雇来扮演次要角色的演员（hired men），按周付酬，他们的所得低于手工艺工匠的平均工资。此外，还要加上工作人员，如看门的、管服装的、管道具的、抄剧本的、乐师和提台词的，等等。

在莎士比亚于1616年去世时，皇家供奉剧团共有26名常驻演员。与当时的其他剧团比起来，这算是个很大的数目。

上图由右至左依序为菲尔德（Nathan Field）、斯莱（William Sly）和洛文（John Lowin）。菲尔德很晚才加入国王供奉剧团，莎士比亚死后，职位由他继任。

“朕意已决……特准朕之臣仆弗雷契（Fletcher）、理查·伯比奇、菲利普（Phillipps）、莎士比亚、赫明、康德尔、斯莱、阿明及其合伙人，搬演喜剧、悲剧、历史剧、插剧、道德剧、牧歌剧及其他剧种，俾售其艺。”詹姆斯一世1603年颁发的执照。

跨页图：演员约翰·格林（John Green）于1607年至1608年在德国巡回演出，声名大噪。

女性角色

当时的剧团通常有五六名男孩或少年，他们跟着资深的演员当学徒，在变嗓之前扮演女性角色。在剧团演出频繁时，这些男孩子可以得到丰厚的报酬。但是他们没有保障，地位很不稳定，一旦到了青春期，不再能戴假发、穿裙子时，往往只能沦为剧团的杂役，没有别的出路。

然而这些少年人才是真正的职业演员。他们从小就学习唱歌、乐器、舞蹈、朗诵，以及妇女的姿态和声调，等等。当时的观众觉得男孩儿演来惟妙惟肖。女性角色要演得细腻，并不是简单的事。由于那时剧团里的成年演员占了多数，能演女人的演员少，所以在莎士比亚的戏剧里，女性角色远远少于男性角色。

《仲夏夜之梦》中有一段滑稽情节：雅典的工匠想演出《皮拉摩斯和提斯柏》，临到要他们扮演女角时却都推三阻四。昆斯（Quince）：“弗鲁特（Flute），你去演提斯柏。”弗鲁特：“提斯柏是谁？侠士吗？”昆斯：“提斯柏是皮拉摩斯爱上的姑娘。”弗鲁特：“拜托！别叫我演一个娘儿们，在下的胡子已经长起来了。”（I，2）

逗人发笑的丑角

丑角是另一种专门的角色。伊丽莎白时代的舞台上，有“丑角”（clown）和“弄臣”（fool）之分。丑角是乡巴佬，一张口就说错话，与其他角色的豪言壮语或浪漫情话恰成对比。弄臣则以逗笑为职业，穿上杂色衣，手执人头杖。

丑角演员塔顿（Richard Tarlton）1588年去世。他是个矮子，身材畸形，塌鼻

子，以应对敏捷、妙语连珠名闻全伦敦，甚至还令女王感动过。

塔顿死后，宫内大臣剧团的丑角由肯普取代。他擅长演愚人笨伯，如《威尼斯商人》中的高波（Lancelot Gobbo）或《无事生非》中的道格培里（Dogberry）。肯普1600年离开剧团后，莎士比亚雇用瘦弱、机敏的阿明（Robert Armin），专门为他安排了滑稽角色，如《皆大欢喜》中的试金石（Touchstone），或语带机锋的人物，如《李尔王》中国王的弄臣。弄臣诡奇怪诞的言

上图漫画像画的是伊丽莎白女王的一个小丑，塔顿。他穿农民的粗呢衣服，一边吹笛子一边打鼓。塔顿是剧本《七大罪》的作者，也是一位大众喜爱的演员，乃女王供奉剧团的一员。

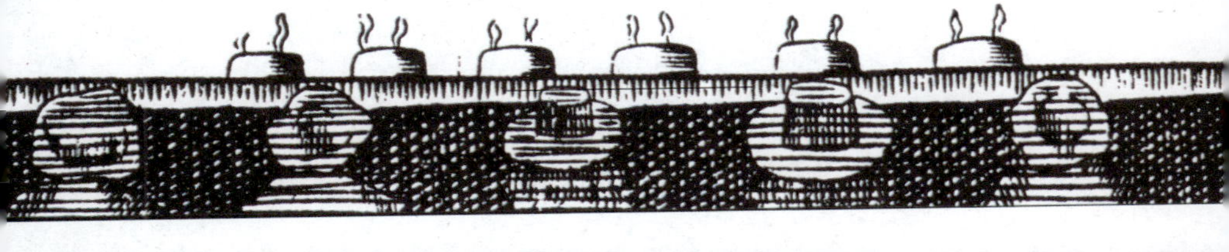

谈中蕴含智慧，带给国王苦涩的教训。

演员的艺术

演员必须兼有才能和热心。因为剧院是个商业机构，其兴衰取决于演出成功与否，而竞争极为激烈。除了守斋期，即复活节前40天剧院关闭，其他时间都是演出旺季。一般日子除了星期天之外，演员每天下午都要演出。

他们需要经常更换剧目，一部新戏平均只能上演两周，准备新戏的时间也不多。另外，一名演员往往要在同一出戏里同时扮演几个角色，尤其在外地巡回表演时更是如此，因为那时剧团的人数必须减到最低限度，所以他们必须分秒必争，还得有好记性。举

丑角演员肯普（上图），在从伦敦到诺里奇（Norwich）的路上跳了9天舞。剧院的演出通常以吉格舞告终。这是一种讽刺性的插舞，经常掺杂了打情骂俏的情节，演员借此邀请观众，前往邻近的小酒店喝上几杯。常见画中的丑角携带一风箱，这是因为风箱在拉丁文里叫“follis”，与“fools”谐音。

Sat iniussa calet

Etiam asino dormienti.

流行的寓意画

德吕里夫人（Lady Drury）的住宅，位于距离剑桥不远的霍斯蒂德（Hawstead）。她在自宅中画的这些画，大部分是取材于当时流行的象征图画集。惠特尼（Geoffrey Whitney）在1586年，或帕拉丁（Claude Paradin）在1591年发表的象征图画集，都是每页介绍一幅象征图画。书页上方为一则拉丁文格言，中央为一教化的、寓意的或谜语式的图像，下方为一段简短的评论。在德吕里夫人的画里，只给拉丁文格言留下一条丝带大小的位置。左页中，那个长着一对长耳朵，熟睡中的人，必定代表懒惰，但也可能是《仲夏夜之梦》中，那个变成驴子的波顿。左图令人想起画家的隐喻。在莎士比亚的第24首十四行诗中，画家的隐喻地位重要：

“我的双眼是画匠，
　在心上留住你美丽的模样；
　画框为我躯体，框住了你。
　透视法乃高明画师的技艺。”

Intus idem.

智慧即疯狂

左页是惠特尼的一幅象征画（想必是左图的灵感来源），题作《洗刷埃塞俄比亚人》。图的说明写道：你再怎么努力，也改变不了自然赋予的颜色。《泰特斯·安德洛尼克斯》中那个作恶的摩尔人亚伦，为自己的肤色，更确切说是为他与塔摩拉女王的私生子辩护："黑炭色是最好的颜色，它才不屑于用其他色彩来涂染；大海里再多的水都不能使天鹅的黑腿变白，尽管它每时每刻都在水里浸渍。"即将被一头鲸鱼撞沉的船（左上图），以及图中格言"什么话都不要说得太绝"，使人想起《暴风雨》第一幕第一场。这场戏里，安东尼奥（Antonio）和米兰（Milan）公国的朝臣们惊恐万状地发现，汹涌的波涛无视君王的权势。至于左下图中的老人，他的格言是"智慧即疯狂"，令人联想到李尔王在荒野中精神错乱一事。

个例子来说，1594年到1595年的演出季节里，海军大臣剧团总共演出38出戏，其中就有21出是新戏。

观众与演员

如《罗密欧与朱丽叶》序幕中所说的，戏剧观众“可以为看戏而站上两个小时”，这主要是指楼下的观众。他们渴望得到强烈的感受，愿意完全受控制。他们喜爱激昂动听的话语，浮华夸张的言辞，哪怕过分也不要紧。演员必须征服好动而不守纪律的观众，吸引他们的注意，因此不可能轻声细语。

平民观众热爱能令他们毛骨悚然的情节，所以，陈尸满台、触目惊心的复仇悲剧大受欢迎。此外，从1588年，西班牙无敌舰队覆灭所激发的爱国热情，以及马洛的《爱德华二世》演出成功，都可窥见观众对英国历史迷恋之深，可见大众对编年史和历史剧展开的画卷喜爱有加。战场上，两军相争，刀枪争

文艺复兴时期，发表了许多著作，研究决斗的规则和保卫自身荣誉的艺术，如锡佛（George Silver）的《自卫的诡论》。舞台上的决斗或格斗，如《罗密欧与朱丽叶》中茂丘西奥与提伯尔特（Tybalt）的打斗，或者《李尔王》的结尾埃德加与异母兄弟爱德蒙（Edmund）动手，都是精心安排的场面。观众期待此类场面中理应产生的戏剧效果，也颇懂得欣赏。而在喜剧，如《皆大欢喜》和《第十二夜》中，决斗被视作一种危险的激情，或是另一个时代的怪癖。

鸣的场面，往往令观众深受震撼，而一对一的武打，又得以让演员大显身手。

巡回剧团的英雄时代已经过去了。那时候的剧团一般都只有四个成人演员，外加两个孩子，每个演员都要扮演好几个角色。然而，现在，伦敦两家大剧院和私人剧院——即室内剧院——兴起了，以不同风格演出不同剧本。

每家剧院都有自己的常客，亦即固定的演出班底。阿林先后在玫瑰剧院和命运剧院演出，以夸张的朗诵而享盛名。然而，莎士比亚努力为理查·伯比奇创造复杂的角色，如《哈姆雷特》中的丹麦王子。这个角色的性格有许多面，随着情景的展开逐渐显露出来。莎士比亚本人只演配角，像是《皆大欢喜》中的老仆人亚当（Adam），以及《哈姆雷特》中国王的鬼魂。

理查·伯比奇也擅长绘画，左上图是他的自画像。他是“剧场”剧院创始人詹姆斯·伯比奇的儿子，宫内大臣剧团的台柱。他在舞台上扮演所有莎士比亚悲剧中的主角：哈姆雷特、奥赛罗、李尔王等。1602年，英国法学家曼宁罕（John Manningham）披露一件逸事。据说伯比奇扮演理查三世时，一位女观众邀请他到自己家里去。莎士比亚听到了这个邀请，赶在前头去赴约。伯比奇登门时，只听到里面回答说，征服者威廉已在理查三世之前来过了。

莎士比亚为什么不发表他的剧本？

莎士比亚不以发表他的剧本为念，此事看来颇为奇怪。但是，我们并不能就此推想，莎士比亚认为自己的作品不值得发表。

事实上，早在1598年，就有人说他的剧本备受欢迎。一个叫米里斯（Francis Meres）的人，在《智慧宝库》（*Palladis Tamia*）中明白宣称："若说公元前1世纪的普拉图斯（Plautus）和塞内加，分别是

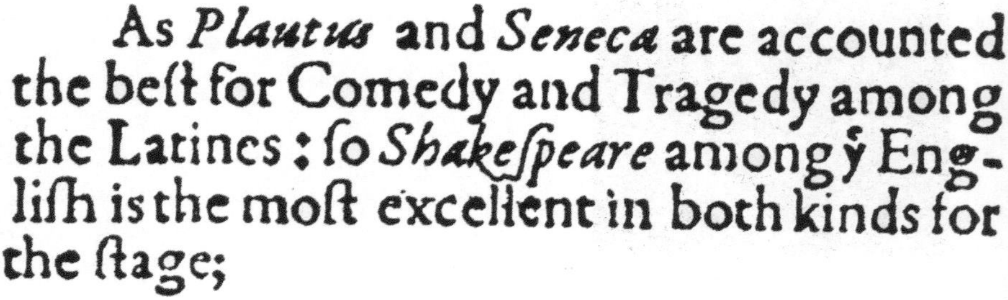
As *Plautus* and *Seneca* are accounted the beſt for Comedy and Tragedy among the Latines: ſo *Shakeſpeare* among ẏ Engliſh is the moſt excellent in both kinds for the ſtage;

SHAKE-SPEARES

SONNETS.

Neuer before Imprinted.

AT LONDON

By *G. Eld* for *T. T.* and are to be solde by *Iohn Wright*, dwelling at Christ Church gate.

1609.

拉丁人中最优秀的喜剧作家和悲剧作家，那么莎士比亚就是英国人中最优秀的剧作家，而他兼擅悲、喜两种体裁。"

莎士比亚交付给出版商的作品，只有叙事长诗《维纳斯与阿都尼》和《鲁克丽丝受辱记》。米里斯认为，"奥维德聪明伶俐的灵魂"在莎士比亚诗中复活。至于"他美妙的十四行诗"，米里斯说它们"在他的友人中私下流传"。这些诗直到1609年才出版。

当时不承认戏剧是完整的文学体裁

虽然戏剧能够养活从业人员，戏剧作品的地位却不能与诗相提并论。剧本的文本不断改动，需要在这里加一段独白，那里删掉大段台词，以免触怒检查官；更别说小丑为了逗乐观众，惯于不照脚本，即兴插科打诨了。哈姆雷特就有一段话，提醒前来厄耳

舞台艺术不过昙花一现，旨在营利谋生，莎士比亚认为它的对象是观众而非读者，但他的诗则不然。他在一首诗里宣称："无论我活着，写下你的坟前墓志，／抑或你留下，我却已在土里腐朽，／终归我的一切将会完全被忘记，／而世人对你的记忆，死亡夺不走。／从此以后你的名拥有不朽生命，／而我，在世人面前，离去就是死亡。／大地只会许我一座普通的坟茔，／你一旦下葬，却躺在耀眼的地方。／那时候，今世的活人都已经死去，／我高贵的诗篇是你的纪念碑铭，／尚未出世的眼睛将会仔细诵读，／未来的舌头一再吟唱你的生平。／就在气息流动之处，那生人之口，／由于我诗句的力量，／你仍将存活。"（第81首）

斯诺演出的江湖戏班："还有你们那些扮小丑的，除了剧本上专为他们写下的台词之外，不要让他们临时编造这些话儿加上去。往往有许多小丑爱用自己的笑声，引起台下一些无知观众的哄笑。"

"好四开本"忠于剧团的演出脚本，上有"威廉·莎士比亚著"的字样，不过作者本人从不关心剧本的出版。

A Midsommer nights dreame.
As it hath beene sundry times publickely acted, by the Right honourable, the Lord Chamberlaine his seruants.
Written by William Shakespeare.

《仲夏夜之梦》里，雅典的一帮天真汉极尽滑稽之能事。仙后热情洋溢，对套着驴头的波顿说："你真是聪明又美丽。"波顿答道："不见得。我既不聪明，又不美丽。"另一种戏剧效果引发另一种笑声：皮拉摩斯和提斯柏幽会时，代表月光的"月中人"，扛着一捆柴火，牵着狗上场。

此外，演出几场之后，如果某些段落未能在观众中间产生预期的效果，也要加以修改。

最早的盗版

莎士比亚在观众的压力下匆忙写作，可想而知，不能为出版商提供一个定本。然而，他生前就有一些剧本印成四开本出

莎士比亚是谁？许多批评家绞尽脑汁企图证明，演员莎士比亚——不容否认确有其人——不可能是1623年对开本所收录之杰作的作者。这些剧中蕴含了丰富的古典文学、法律和技术知识，斯特拉特福一名手套商的儿子，没有受过大学教育，怎么可能晓得呢？据说他一开始在剧院里为观众看守马匹，又怎么可能对权力的运作、宫廷的礼仪习俗、贵族的生活了如指掌呢？莎士比亚戏剧的真正作者，恐怕另有其人。有不少人认为，兼为学者、作家和政治家的培根爵士（Sir Francis Bacon），就是剧作家莎士比亚，德比伯爵、牛津伯爵和埃塞克斯伯爵等也有可能。不过，今天已没有人相信这些假设了。

版，各册命运不一。有些寡廉鲜耻之辈，眼看这些剧本在舞台上走红，也想借机捞一票，便印了与原著不尽相符的版本。

不过，有的版本颇为忠于演出本，如《理查二世》《爱的徒劳》《仲夏夜之梦》和《亨利四世》上篇。这就是所谓的“好四开本”。剧团遇到经济困难时，会以每本6到10镑的价格，把不再上演的剧本原稿卖给出版商，据此出书。

各家剧团都留心不使自己拥有的剧本流传在外，这是保全独家演出权的最好方法。一旦剧本出版，谁都可以弄到一册，然后照样排演。如同手工业行会严守生产秘密一样，在那个求新奇的时代，剧团为了不失去观众，必须保住剧本底稿。剧本底稿与布景、道具一样，归入剧团的“家产”。如果还没有充分利用就把它们卖给出版商，是很不明智的。

此外，作者一般都对印刷出版商看不顺眼。

印刷术于1476年由威廉·卡克斯顿（William Caxton）引入英国。此人曾是呢绒商和外交官，在威斯敏斯特大教堂附近开印刷厂。上图中的印刷机正在运转，背景中一名排字工人在拣铅字。我们知道莎士比亚戏剧四开本的印刷商是哪些人。米林顿（Thomas Millington）、帕维（Thomas Pavier）或但特（John Danter）等，出版的本子不是盗版。反之，维斯（Andrew Wise）、劳（Matthew Law）或者伯比（Cuthbert Burby）等，发行的是“坏四开本”。

1557年，女王玛丽·都铎（Mary Tudor）签署敕令，恩准印刷出版商在伦敦组成书商同业公会。1559年伊丽莎白延长敕令的效力。这个行会垄断了出版业。经由坎特伯雷大主教和伦敦主教审查合格后，任何新书都要在书商注册簿上登记，由此取得独家印刷和销售权。“版权”的概念已经存在，但是它主要保护出版商的利益，而不是作者的权利。

莎士比亚作品的对开本印了1000册，出版时每册售价1镑。今天还能找到200册，其中14册保存完好。

圣保罗大教堂所在的街区，是伦敦出版业的发祥地，莎士比亚一度在这里居住。不过外省的牛津和剑桥的出版业也很发达。一本书通常印上数百册，《圣经》和一些善书的印刷册数可达几千册。左下图的人物把书当作盾牌使用，他是否拿知识来保护自己?在《泰特斯·安德洛尼克斯》中，拉维妮娅（Lavinia）遭强暴后又被割去舌头和双手，她靠着一本书——奥维德的《变形记》，才让父亲泰特斯明白谁是凶手。“泰特斯：怎么了，拉维妮娅?这什么意思?她要看看一本什么书……你要看哪一本?孩子你替他翻开来吧。噢，你要读内容深奥一点儿的，来，到我书房里去挑吧。读书可以掩盖悲哀，等待老天把恶人揭露出来。”（Ⅳ，1）

E R

伊丽莎白利用了各种象征手法，
在国内传播她处女女王的形象。
她喜欢自比为月神和贞洁之神戴安娜，
或是正义女神阿斯特雷娅（Astraea）。
莎士比亚和当时的其他作者一样，
大力为她歌功颂德。

第四章

伊丽莎白一世：神话与宣传

1588年，袭击英国海岸的西班牙无敌舰队全军覆没，伊丽莎白女王彻底打败教皇派的势力。左页图里，伊丽莎白骑马前往泰晤士河口的提尔布里（Tilbury），向她的军队致辞。敌军的舰只就在远方燃烧。右图是画家伊萨克·奥利佛（Issac Oliver）作的女王肖像，有种温和的味道。

当时流行一则以凤凰和鹈鹕为主角的动物寓言，与女王有关。凤凰代表处女的贞洁，也表示女王的独一无二；鹈鹕体现她为人民鞠躬尽瘁。在一些肖像画中，她或者手持彩虹，或者站在象征恒心的柱子边上，手执象征和平的橄榄枝，或者一手按住地球或天球。画中人庄重威严，与小宇宙和大宇宙的诸般象征相应。

罗利（Raleigh）爵士和戴维斯（John Davies）爵士等人，用一整套带有象征意味的意象歌颂女王，于是女王渐渐形成一种神话般的形象。影响所及，不仅官方活动带上象征意义，如游行、招待会、比武，连建筑也不例外。常有朝臣为自己修造英文字母E字形的宫殿，因为E正是女王名字的第一个字母。

当时的诗歌和戏剧也烙上这个君主神话的印记。莎士比亚写于1595年至1600年之间的喜剧，便以间接方式向女王致敬。这位剧作家不仅让女性角色在剧中占据重要的地位，而且以今日的名词来说，他还赋予若干女性角色浓厚的女权主义色彩，比如《皆大欢喜》中的罗瑟琳（Rosalind），以及《无事生非》中的贝特丽丝（Beatrice）。罗瑟琳对她的追求者奥兰多（Orlando）说：“我们这世界差不多有6000岁了，可是从来没见过哪一个男人肯为情而死。”贝

在所谓“无敌舰队像”中，女王雍容华贵，右手放在一个地球仪上。英国舰队大获全胜后，反天主教的宣传把女王说成是“世界上的伟大女皇”。伊丽莎白一举击溃恶的力量，从此登上光荣的巅峰。

左页上方图中的玫瑰，既是都铎(Tudor)王朝的象征，也是处女女王贞洁的标志。上图：神光照耀保护皇室的巨舟。

"心怀邪念才可耻"

从前两页的伊丽莎白画像可看出，她在位时（1558—1603）是臣民崇拜的对象。她在画中穿的长袍珠光宝气，价值连城。这些装饰也有象征意义，宣扬她的美德和她所代表的官方权力。她左手拿的筛子、右手拿的羽毛（94页上图），与袍子上的白色花卉一样，是贞洁的象征。而她把手放在心口，或者执一道彩虹（94页下图），则表示她是光明的泉源。狄契雷（Ditchley）所作的肖像（95页图），是为李爵士（Sir Henry Lee）画的，用以纪念女王临幸爵士在牛津附近的府第。女王的脚所在之处，指出这座巨宅在地图上的位置。女王在位初期，当时的画家仍借用传统神话烘托她的形象。如左图中，天后朱诺、智慧女神雅典娜、米涅瓦（Minerva）和爱神维纳斯，因伊丽莎白来临而黯然失色。女王是新的女神，其力量、智慧和美貌都难以匹敌。

特丽丝反驳“不爱女人”的培尼狄克（Benedick）说：“与其听一个男人指天誓地说他爱我，我宁愿听我的狗向着乌鸦叫。”

理想王权的排场

伊丽莎白的朝廷按照排定的日程表频频举行庆典，说不尽的荣华富贵。冬天是欢宴（Revels）季节，11月17日登基纪念日，女王驾临白厅。为此举办豪华的比武，朝臣李（Sydney Lee）和雷特克里夫（Robert Ratcliffe）代表女王上场，视能替她效力为最高荣誉。但见比武场上，武士和马匹的甲胄闪耀，仆役环立，飘扬的旗幡上，绣着家徽和专为女王编撰的拉丁文格言。

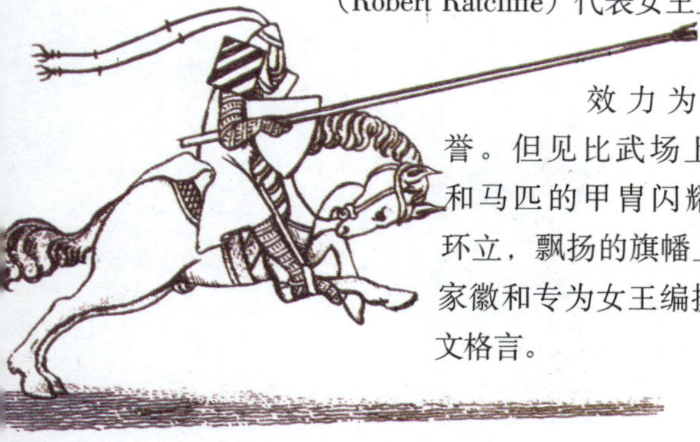

伊丽莎白性格活泼，喜欢节日喜庆和舞蹈。她把舞蹈变成一门宫廷艺术。上图中，她跳着轻快的加伏特舞（gavotte）。《亨利五世》中也提到喜爱舞蹈的风气：法国人在英军猛攻下被迫后退，还不忘拿跳舞做话题，相互讥讽。

“皇太子：我敢说，法国的女人在嘲笑咱们……波旁（Bourbon）元帅：她们要我们到英格兰的舞蹈学校去，教那蹦跳的加伏特舞和打转的舞，还说……跑啊跳的本领我们最行。”

《亨利五世》（Ⅲ，5）

接着是圣诞节，由宴饮总管（Master of the Revels）负责安排娱乐活动，包括音乐会、舞会、假面剧，也让平时在公共剧场演出的剧团，或者黑衣修士剧院和圣保罗学校的儿童剧团来献艺。

夏天，女王带着整个宫廷行幸外省，接受臣下的隆重款待。臣下争抢接待女王的殊荣，即使花费甚昂也在所不惜。或在花园里，或在湖上，为女王演出令人叹为观止的露天节目。百戏杂陈，表演完之后，接着还有焰火上场。

女王的登基纪念日变成全国性的节日。那一天，教堂的钟统统敲响，满朝贵人都出席观看豪华的比武。效忠女王的勇士执枪上场，再现亚瑟王和圆桌武士的传说。

宫殿和花园

伊丽莎白时代建筑艺术十分发达。众多的巍峨顶楼和异想天开的圆顶，由壁柱和柱廊构成的立面，门式窗（vaste croisée）或有竖框（meneau）的窗户，以及莎士比亚在《亨利六世》上篇中提到的高烟囱。

这个时代的英国建筑物带有异国情调和古怪的意味。既非意大利风格，也不是法国派头，却是英国文艺复兴的专门标记。建筑物内部有许多宽敞的房间，以橡木构成梁桁的大厅（hall）尤为壮观。地板上铺着芦苇，墙壁上却挂着有花卉和鸟兽图案的华丽壁毯，表现了田园风光和神话故事。

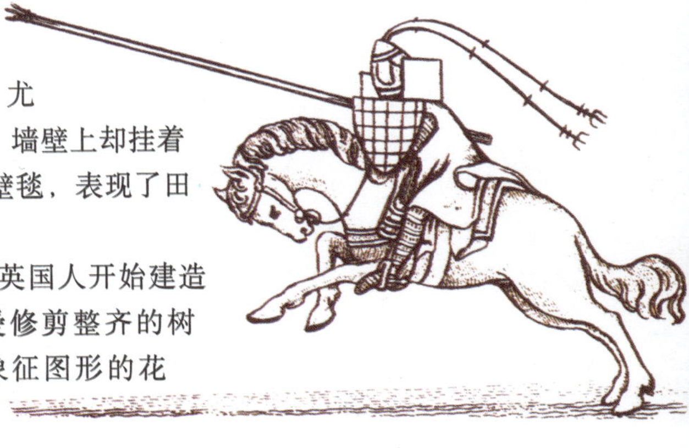

从15世纪80年代起，英国人开始建造观赏用的花园。他们偏爱修剪整齐的树丛，组成几何图形或者象征图形的花坛（knot），绿荫掩蔽

宫廷喜庆活动总是免不了燃放焰火。焰火可以拿在手上点燃，如图中这个野人的动作。

的迷宫（maze）和喷泉。这类不无矫揉造作气息的花园里，满布造型奇怪的雕像，点缀着修剪成纹章图案上的动物、怪兽，或野人形状的黄杨树丛。《仲夏夜之梦》里的场景想必受到花园设计的影响。

为了向女王致敬，花匠设计花坛时，往往选用象征纯洁的花——玫瑰和雏菊。须知，伊丽莎白自命为开创新黄金时代的处女女王。肯尼威思（Kenilworth）、西奥博尔德（Theobald）、哈特斐德（Hartfield）的行宫，都建有具象征意义的花园，无论是树丛的形状或轮廓，都形似王室的徽记，花园里的景观包含想法。夏季为女王举办的盛大庆典，即在花园中举行，以便她在经过人工巧妙改造的自然环境中，找到自身形象的反映，以及她主宰世界的权力之寓意标志。

这首宝塔诗应从下往上读，是献给伊丽莎白的颂诗。

Skie

Azured
In the
Assur'de

And better
And richer
Much greater

Crownandempir
After an hier
For to aspire
Like flame of fire
In form of Spire

To mount on hie
Con-ti-nu-al-ly
With travel and teen.
Most gracious Queen
Ye have made a vow
Shews us plainly how
Not fained but true
To everyman s vew
Shining cleere in you
Of so bright an-hewe
Even thus vertewe

Vanish out of sight
Till his fine top be quite
To taper in the ayre
Endevours soft and faire.
By his kindly nature.
Of tall comely stature
Like as this faire figure

大宇宙和小宇宙

这个奇妙的自然界，象征性地由王权据其中心，由恒星和行星组成的宇宙与之相对应。当时的人仍旧相信2世纪时希腊科学家托勒密（Ptolemy）

所提出的宇宙观。他认为，地球位于一个洋葱头状结构的中心，静止不动，而7大行星围绕地球，沿着同心轨道运行。月球以下是变动不居的世界，月球以上则是恒定不变的世界。苍穹和火球位于最顶端，诸星辰则如同金钉，固着于苍穹之上。

萨里（Surrey）郡的无双宫（Nonsuch），是伊丽莎白壮观非凡的一座城堡，1680 年毁于火灾。

不过，事实上，波兰的天文学家哥白尼（Copernicus）早已在1543年就发表了《天体运行论》。但是他的假设一直要到1609年，才由德国天文学家开普勒（Kepler）和意大利科学家伽利略（Galileo）证实。新的学说仅为少数学者知晓并且接受，当时大多数的人对此仍旧一无所知。

托勒密体系的天球同心结构图。

根据传统医学，人体的节律和疾病与7大行星的运动有关，也受黄道十二宫对某一肢体和器官的影响支配。因此，当时的大学里依旧教授星相学这门学问。白羊座制约人的头和脸，金牛座制约脖子，双子座掌管肩膀，狮子座管后背和心脏，至于巨蟹座则影响了胸、胃、肺等器官。

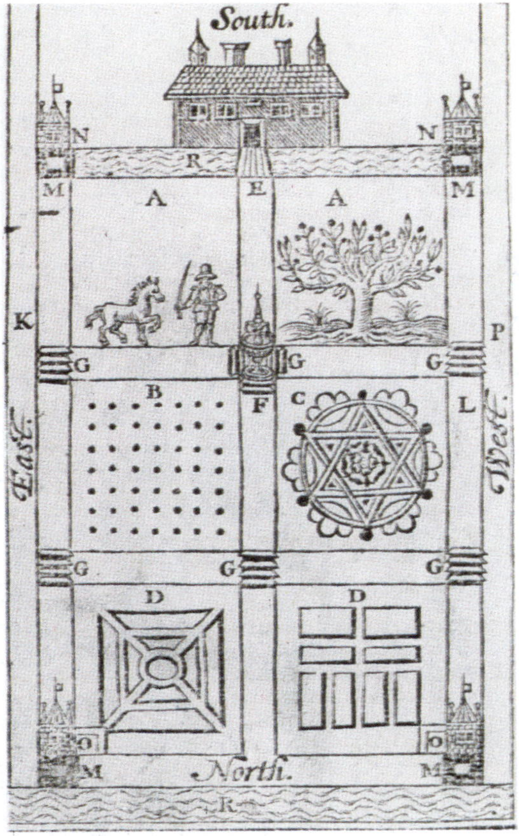

英国花园的布局遵循严格的法则。有的花坛呈正方形，有的组成巧妙而带象征意义或装饰性的图案。花卉或蔬菜，取其色彩赏心悦目，按照开花或成熟的季节分区种植。灌木以传统技艺修剪成几何或动物图形。豪门巨宅的花园里常有绿荫迷宫，可以玩捉迷藏。封闭的花园常成为隐喻，出现在莎士比亚的戏剧中。如在《理查二世》中，花园是王国具体而微的形象："我们何苦在这三寸之地守法守纪，还循比例来安顿呢？……君不见我那座以大海为墙的花园，我们整个的国土，已经遍地野草，花残叶落，果树无人修剪，篱笆东倒西歪，花坛凌乱不堪，奇花异草上爬满了虫。"（Ⅲ，4）

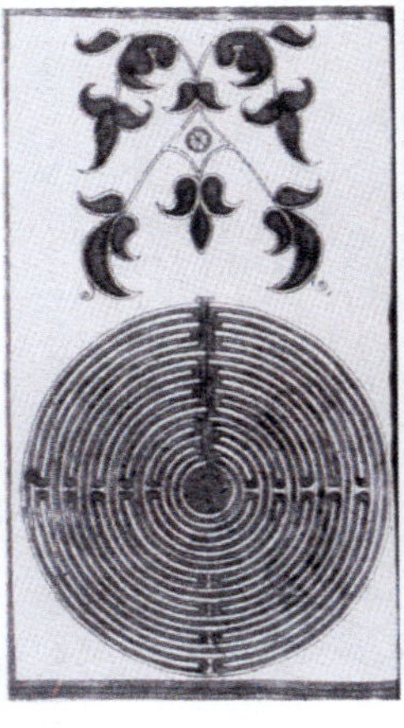

此外，凡星辰的运行、彗星的出现，以及日蚀、月蚀等等，都是信号，预告灾难和君主的死亡。欲理解人体小宇宙，则务必参照整个大宇宙。

对于莎士比亚和他的同时代人来说，自然界是统一而和谐的。尽管它的面貌多变，人类仍然可以根据类比法则和征兆理论，来读懂自然界所传递的讯息。

所谓征兆，就是指能够使人们理解万物和宇宙本质的外部信号和标记。它们是纹章和象形文字，表示隐蔽世界的可见部分。靠着征兆，术士和贤者就能在自然这部大书里，读懂上帝的创造。所以，当时风行“exempla”，亦即修辞式的道德格言，以及箴言和象征图画集。象征图画集里面所收录的，是制约物与物之间的关系和人际关系的全部关键图像。

就这样，一套等级与各种生命的形态相对应，从矿物到天使都各有其位，每一层级的动物和植物间，也有平行的对应关系。

2世纪的希腊医生盖仑（Galien），提出的理论执医界之牛耳。依照盖仑提出的基本学说，人的性格取决于体液的成分。人有4种体液：黏

左图：弗鲁德。他对戏剧感兴趣，著有论文探讨大宇宙和小宇宙（人体）之间的对应关系。莎士比亚赞同此宇宙观。在《特洛伊罗斯与克瑞西达》中，尤利西斯阐述了这种关系。

“诸天星辰运行时，无不恪守自身等级和地位，遵循各自不变的轨道……纪律乃一切梦想的阶梯，纪律一动摇，前途也就无望了。”

《特洛伊罗斯与克瑞西达》I，3

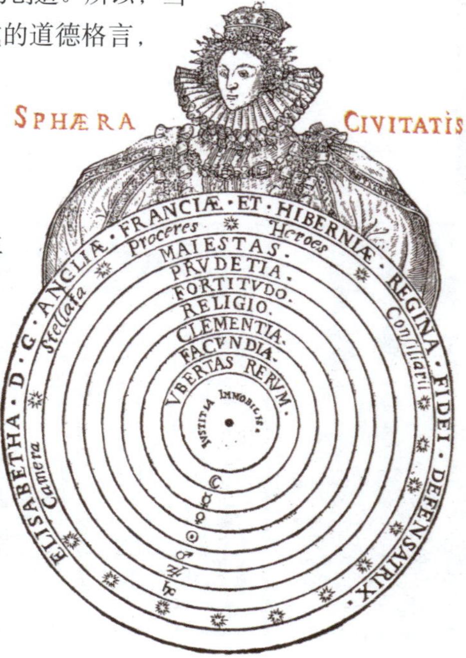

Aries
Taurus
Cancer
Virgo
Libra
Aquarius
Pisces

莎剧中的许多人物都表达了人生的烦恼。左图中这个富家子弟，懒洋洋地背靠大树，神情抑郁，正是此类人物的写照。

“杰克斯：我没有读书人的苦恼，老要争强好胜；没有音乐家的苦恼，老要胡思乱想；也没有官员的苦恼，总要装一副骄态。此外，军人野心勃勃的烦恼，律师那权宜行事的烦恼，淑女那种刻意讨好的烦恼，我都没有……我的烦恼全是我自己的……那是我旅途上所生的各种沉思，经常呆坐沉思使我充满了十分可笑的愁绪。”

《皆大欢喜》IV, 1

液、忧郁汁、黄胆汁和血液。忧郁汁性寒，其干如土，导致黑胆汁分泌过量。黏液性寒，其湿如水，来自肾和肺。血液性热，其湿如风，来自肝脏，主性欲。黄胆汁性热、干，与火相对应。在正常的情况下，这4种不同的体液在人体内保持着均衡的比例；比例一旦失衡，人体的功能就会紊乱，导致疾病发生。忧郁症是那个时代的通病，莎士比亚剧中的道德家杰克斯、情种罗密欧，以及身穿丧服的王子哈姆雷

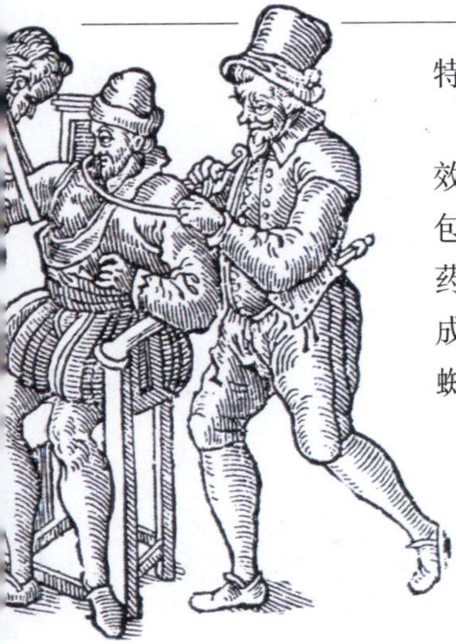

特，都患了此症。

当时的药品不太有效，治病要靠运气。药物包括传统的草药，配制的药品和种种软膏。软膏的成分听来有点吓人，常用蜘蛛网、兔毛和蛋壳为材。面对鼠疫等周期性在大城市里肆虐的流行病，当时人往往束手无策。

这些学说既为大众所采信，医学本身又不太管用，于是像富曼（Simon Forman）、迪（Dee）这一类的术士、占星师或者炼丹师，便大行其道。迪兼为哲学家、巫师、数学家和占星师，编写了历书、算命书和预言书。他在宫廷中很受宠信，似乎对女王有不容小觑的影响力。

莎士比亚不直接为王室效力，但他的戏剧涵盖了这些信仰，剧中人的道白常有提及。不过，他从不死守某一意识形态或某一观点，却展现出众多矛盾见解，足以表明他的观点多变。如在《特洛伊罗斯与克瑞西达》中，尤利西斯（Ulysse）有长篇道白，谴责一旦传统等级不受遵守时将会出现的混乱局面。而在《李尔王》中，爱德蒙对星相学及其预言大加揶揄：“人世间的颠狂莫此为甚：当我们命运不济时……就把灾祸归咎于日月星辰。”

那个时代的医术等于刑罚。左上图中的患者肩膀脱臼，几个江湖郎中忙着把他捆在椅子上，以便为他接骨。天生畸形是魔鬼捣乱的结果。就连迪（上图）或法国外科医生帕雷（Ambroise Paré）那样的学者，也不是一直分得清现实和想象。下图这个长青蛙脑袋的儿童，是帕雷一部著作的插图。

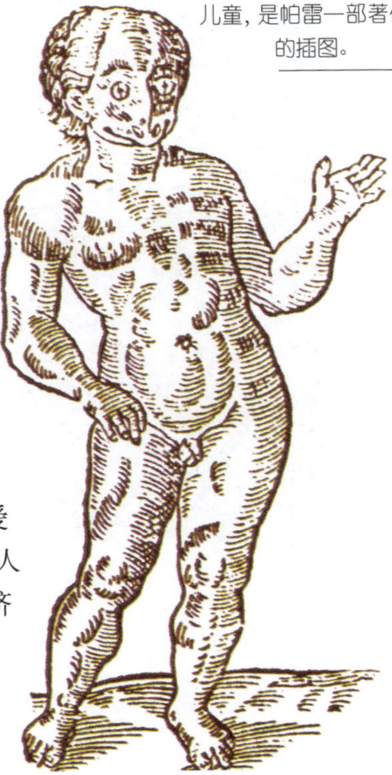

MR. WILLIAM SHAKESPEARES

COMEDIES, HISTORIES, & TRAGEDIES.

Publiſhed according to the True Originall Copies.

LONDON

Printed by Iſaac Iaggard, and Ed. Blount. 1623.

伟大的伊丽莎白死了。
詹姆斯一世继位，
莎士比亚仅存的幻想也破灭了。
他的剧作中弥漫不安、怀疑和幻灭的情绪，
权术霸道无往不利，
世人甚至失去与之对抗的信念。
一切都是假面剧。

第五章 从衰颓到巴洛克

玛丽·斯图亚特于1567年被迫逊位后，她的儿子詹姆斯一世（1566—1625）成为苏格兰国王，1603年继承英格兰王位。伊丽莎白女王去世，一点也不妨碍莎士比亚飞黄腾达。他的辉煌事业在前朝已确立，在詹姆斯时代将继续发展。

詹姆斯一世继位

伊丽莎白一世死于1603年3月24日，圣母领报瞻礼日前夕。这一天也是英国民用历本的岁首。一个王朝，一个时代于是告终。由于女王没有直接继承人，王位不得不归她的远房表弟，苏格兰的詹姆斯六世（James Ⅵ）。他姓斯图亚特。

新王改称詹姆斯一世，登基不久就垂青宫内大臣剧团，让它改称国王供奉剧团。演员们甚为看重这个新名字，自1604年11月至1605年秋天演出12场。为了讨

好新王，他们选了莎士比亚的7部戏上演，其中有两部新戏《一报还一报》和《奥赛罗》。莎士比亚此时正值事业的巅峰，备受赞扬，得到贵族朋友的保护。从此大家称他为“可爱的莎士比亚”，或者昵称他“好威尔”。

莎士比亚已届中年，后辈对他十分敬重。琼森（Ben Jonson）比他小8岁，在上流社会大肆称颂他，说他是出色的改革者。

伊丽莎白可能是英国最伟大的女王。她的葬礼于1603年4月28日举行，哀荣无比。送葬者随着披黑袍的马队，或举旗，或执着头朝下的长戟，缓缓前行。不久，又一场鼠疫来袭，伦敦全城因而居丧，詹姆斯一世直到1604年3月才能举行入城仪式。

一种新的体裁："阴郁喜剧"

在伊丽莎白驾崩，詹姆斯一世尚未登基之前，莎士比亚尝试写一种新的戏剧体裁。评论家有时称之为"问题剧"，有时叫作"阴郁喜剧"。《特洛伊罗斯与克瑞西达》和《终成眷属》是发轫。这两部戏作于1601至1603年之间，语带讽刺，有一种惶惑不安的气氛。以后几年，莎士比亚继续走这条路子，写了《一报还一报》《安东尼与克莉奥佩特拉》《雅典的泰门》和《科利奥兰纳斯》。新政权的作为难以捉摸，莎士比亚似乎感到厌倦了。在《特洛伊罗斯与克瑞西达》中，他描绘特洛伊战争的主角时就不带英雄传奇色彩：古代神话和史诗受到揶揄，

《亨利六世》上篇开头，贝德福（Bedford）公爵感叹不已："苍穹啊，披上黑纱吧！白日走开，黑夜快来。牵动时间改朝换代的彗星啊，在天上挥舞你们晶亮的长发，鞭打那些叛乱的星，那让亨利死去的星！"为伊丽莎白送葬的队伍中，想必有许多人都想起这几行诗。

中世纪的骑士风度和优雅爱情——乔叟的《特洛伊罗斯与克瑞西达》的主题——也受嘲弄。在《终成眷属》中，女主角海伦娜（Helena）从童年时代起，就暗恋罗西昂（Roussillon）伯爵贝特朗（Bertra）。伯爵奉法国国王之命娶她为妻，但是成婚之后便避开她。海伦娜用父亲传给她的秘方，治好了国王的怪病，获得国王信任。她凭着努力和计谋，终于夺回了心上人。原来在锡耶那（Sienne）战争期间，贝特朗自以为博得了意大利美人的欢心，而海伦娜夜间冒充那位美人与他幽会。法国宫廷以为她已经死了，最后一场戏中她却在宫中露面。戏的结局很复杂，她当众诘难薄情郎君，贝特朗无言以对，不得不发誓对她忠诚。

《一报还一报》的剧情发生在维也纳。公爵文森修（Vincentio）假称出巡，让清教徒大臣安哲鲁（Angelo）摄政。安哲鲁为整治风俗，恢复了判处犯奸淫罪者死刑的老法律。公爵既富玄想，又善权变，洞

莎士比亚在詹姆斯一世统治初期所写的剧本，流露怀疑幻灭，乃至某种悲观主义的情绪。在《一报还一报》这样的“问题喜剧”中，维也纳世界污秽不堪，甚至伊莎贝拉因冷若冰霜，连美德也和虚伪的安哲鲁（Angelo）的恶行一样令人反感。至于公爵大概代表英国的新君，即便他暗中为所有人的利益操劳，他的意图仍秘而不宣，暧昧不明。反之，在《安东尼与克莉奥佩特拉》中，尽管衰落无可挽回，总将两个主人公推向死亡，但这过程本身自有某种魅力和崇高感。

悉一切如上帝。他化装成修士，暗中监视安哲鲁。貌似铁面无私的安哲鲁，爱上了见习修女伊莎贝拉（Isabela）。伊莎贝拉的弟弟因奸淫罪被判死刑，安哲鲁以保全他的性命为条件，要挟她顺从自己的私欲。伊莎贝拉已准备重返修道院，幸亏公爵代她设计，才免遭安哲鲁毒手。安哲鲁曾抛弃一名叫玛丽安娜（Mariana）的女子，公爵让玛丽安娜趁着黑夜里难辨真假，代替伊莎贝拉上床。这部戏的道德教训暧昧不明，对腐败权力的影射却显而易见。莎士比亚揭露了人性良知的阴暗角落。

1604年至1605年福克斯（Guy Fawkes，上图）策划“火药阴谋”，拟炸死国王和议会成员（下图，国王的仪仗队），整个英国为之震动。对女王玛丽·斯图亚特的大规模屠杀，英国人记忆犹新。阴谋者中有几人原籍斯特拉特福，有几个是伦敦美人鱼酒店（戏剧界人士常去的地方）的常客，莎士比亚想必认识他们。

1606年至1608年间，他写了《安东尼与克莉奥佩特拉》《雅典的泰门》和《科利奥兰纳斯》。在这三部剧本中他的触角伸得更广，再次取材于1世纪希腊历史学家普鲁塔克（Plutarch）的《希腊罗马名人传》，回到古代地中海世界。在《泰特斯·安德洛尼克斯》和《裘力斯·恺撒》中，他已把地中海世界搬上舞台，不过这次他用埃及、雅典和罗马，来暗喻詹姆斯一世治下的英国社会。

琼森的第一部喜剧由莎士比亚的剧团演出。琼森在詹姆斯一世时代声誉日隆。国王向他订购假面剧的脚本，以便在冬季的节日娱乐宫廷。琼森既有渊博的古典知识，又有诗人的才华，加上他与莎士比亚兼为友人和竞争对手的关系，自能赢得很高的声望。

在这些剧本中，隐约可见詹姆斯一世称霸世界的企图，以及贵族阶级的自身难处。贵族阶级高傲孤立，分裂成派别，不再能理解百姓的愿望。有此误会，科利奥兰纳斯这样的英雄，才会投入罗马最凶恶的敌人奥菲狄乌斯（Aufidius）的怀抱。《雅典的泰门》是一则黑色寓言：商业蓬勃发展，金融暴发户不断增加，传统价值和贵族权力业已式微。商人泰门（Timon）富可敌国，慷慨招待他的友人，竟因朋友而倾家荡产。最后，他退隐到沙漠中，变得灰心厌世，诅咒人生。

DAEMONOLOGIE, IN FORME of a Dialogue,
Diuided into three Bookes.
EDINBVRGH
Printed by Robert Walde-graue
Printer to the Kings Majestie. An. 1597.
Cum Privilegio Regis.

左图，《魔鬼学》的扉页，作者是苏格兰的詹姆斯六世，后来的英王詹姆斯一世。

君王

詹姆斯·斯图亚特还是苏格兰的詹姆斯六世时，研究古典学问之余兼攻神秘学。他著有许多篇政治论文，通晓各门艺术，以智慧闻名，同时对巫术和超自然现象亦兴趣浓厚。1597年他发表《魔鬼学》一书，自称

相信妖术和魔法。当上英国国王后，由于性格上的缺陷和专制作风，他避免在公众场合露面，在宫里深居简出。他宴饮无度，兼之喜爱俊美的年轻男子，很快就传出恶名。奢侈豪华，庆典频仍，成为这个宫廷的特色。有一种消遣方式应运而生：假面剧。建筑师琼斯（Indigo Jones）和诗人兼剧作家琼森共创的这种娱乐，风行了数十年。第一部假面剧名为《黑色假面》，于1605年主显节晚上在白厅上演。剧情叙述埃塞俄比亚的河神尼日（Niger），把他的12个女儿介绍给英国。演出载歌载舞，摩尔人（Maure）和山林水泽的仙女、半人半鱼的海神、美人鱼、奇兽怪物和海中仙女，佩戴首饰，穿着光芒四射的服装，涌出水面。假面剧是场面盛大的庆祝活动，每部戏只演一次。诗人和工匠各尽其能，把宫廷搬上舞台。国王、王后和朝中显贵在台上游戏舞蹈，全剧以舞会作结。演出旨在庆贺君主所赋予的秩序与和谐，自然讨国王的欢心。

琼森与负责布景和机器装置的琼斯合作，编了三十来出假面剧。他称这些剧本为“一夜辉煌”，因为演出的场面极其豪华，而每部戏通常只演一次。剧中人的服饰和化装异常华丽（左图：琼斯所作的草图），皆由权贵出资，有时由国王和王后赞助。国王和王后也参与演出。优雅曼

妙的舞步配上精致的服装和布景，奇巧的机器装置加上绚烂的色彩。琼森称这种舞蹈为“宫廷的楔形文字”。

社会和政府

宫廷的豪华气派，吸引外省贵族来到伦敦，依傍领主城堡建立的小村庄因而趋向衰

落。古老的价值面临一场重大的危机：好客的传统逐渐消失。穷人再也不能仅为“绅士”干点零活，就可得到免费食宿。本来根据习俗，圣诞节期间，任何穷人都能在城堡里得到接待，并且参加喜庆活动。贵族现在却逃避这项义务。17世纪初，外省贵族感到身上的道德和经济负担越来越重，逐渐放弃了贝斯（Bess）女王时代“快乐英格兰”的生活方式。“贝斯”是伊丽莎白的昵称。

政治方面，詹姆斯一世打算把英格兰和苏格兰两个王国统一起来。帝国的概念开始形成。弗吉尼亚公司招募“志愿者”，去开垦美洲的新领土。罗利爵士用伊丽莎白女王的外号弗吉尼亚（Virginia，意为“处女女王”），为新土地命名。美洲新世界引起的兴趣也体现在《暴风雨》中：莎士比亚在这个剧本里，表现普洛斯彼罗（Prospero）与凯列班（Caliban）的冲突。普洛斯彼罗会施魔法，自命是文明使者；凯列班则是岛上的土人，反抗文化。

新的审美观

异国情调成为时尚。莎士比亚和当时人一样，喜欢暂时躲避王国衰微的现实，大发奇思异想。不过，他超越幻想，触及文化差异问题。

伊丽莎白时代是地理大发现的时代。左页上图的罗利爵士，1585年在弗吉尼亚立稳脚跟。他从那里带回的不是他所期待的黄金，而是一种陌生的植物，名为烟草。一种新的恶习于是进入英国，清教徒后来大加挞伐。1608年，史密斯（John Smith）船长航行切萨皮克湾（Chesapeake Bay，左方地图），返程时带回一位印第安公主。公主名叫波卡洪塔斯（Pocahontas），成为宫廷的名人。

中世纪人的心目中，外面的世界是个奇迹纷呈的天地，一如赫勒福德（Hereford）大教堂中的地图所表现的样子。有的人长着狗头，有的人脑袋长在肩下，有的人脚掌极端肥大，可当阳伞用，还有希腊历史学家希罗多德（Herodotus）信以为真的其他怪物。现在，随着外面的世界逐渐被发现，大家有了更精确、更合理的了解，传奇便褪色不少。

乔叟处于英国、法国和意大利文化的交会点，对世界的认识还带着中世纪的烙印。但是，当文艺复兴时期的作家因旅行者所传播的海外奇谈而兴奋时，他们已摆脱了中世纪的影响。随着新教兴起，英国人逐渐开

《暴风雨》中的土人凯列班，名字乃是“食人者”（canibal）一词颠倒而成。这就令人想起新大陆的印第安人，下图画出他们可怕的饮食习惯。

始懂得，世界是个多彩多姿而难以解释的整体。《奥赛罗》体现了这些主题。莎士比亚大胆革新，在这个悲剧中，让黑人当主角。这以前，英国大城市的居民对埃塞俄比亚人和非洲人了解不多，这类黑人只在民俗节日和伦敦市长就职游行中露面，既令观众着迷，又叫他们不安。在民众的心目中，他们就像是魔鬼的随从或野人似的半异教徒。高贵的摩尔人大将奥赛罗（Othello），便是这魔鬼般的黑人，令人既爱又惧。他离人们那么近，却又完全格格不入。在这段紧张的创作时期之后，莎士比亚获得一座新的剧院。地点换了，对戏剧的要求也变了。莎士比亚再度创新。

黑衣修士剧院

黑衣修士剧院原来是多明我会的一家修道院，1538年亨利八世下令解散各家修道院时被没收。它位于城墙内的西端，紧挨着鲁德门，占地2公顷，是不

《暴风雨》中，那不勒斯年轻的腓迪南王子于沉船后漂流到岸边，突然听到一阵仙乐。

“腓迪南：这音乐是从什么地方来的？……一定是为岛上神灵弹唱的。我正坐在海边，因父王惨死而痛哭，这时，音乐便悄悄从水面飘到我身旁。只见风平浪静，我激动的心绪也平息。

爱丽儿（Ariel）：水深

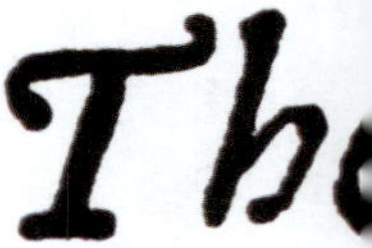

处躺着你父。/他的骨已成珊瑚，/他的眼是耀眼珍珠。/他已消失的全身每一处/都受到海水碰触，/化成奇美之物……”

《暴风雨》I，2

受伦敦市管辖的自由地，因此被戏剧界人士看中。国王供奉剧团于1608年进驻黑衣修士剧院。这个有顶的长方形大厅，可容纳500多名观众。票价较贵，从6便士到2先令，但均为座席。从此以后，剧团可以全天候演出了。此外，蜡烛照明使夜晚的场景更逼真。同

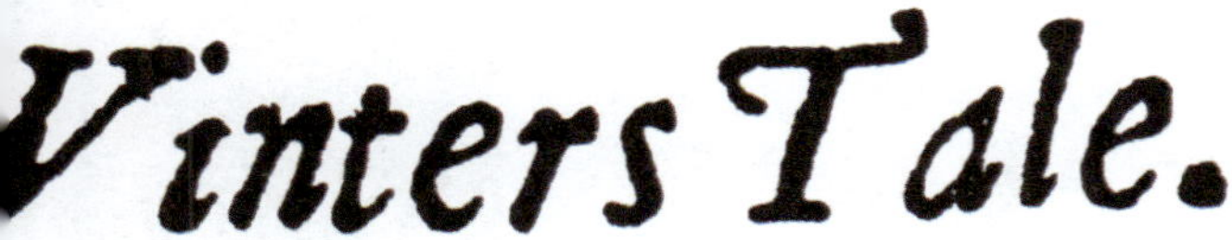

时音乐的功用获得重视：乐队在开演前一个多小时即奏乐迎接观众，各场戏之间穿插如假面剧那样的歌舞表演。

更重要的是，莎士比亚要利用这个新的场所，借助它所能提供的一切，来描摹人类的极端感情，融戏剧场面、难以置信的事件和悲壮情怀于一炉。世界变成舞台，舞台就是世界，人生和艺术的界线已经消失。最重要的意象是舞台场景和演员。

莎士比亚最后的剧本《配力克里斯》《辛白林》《冬天的故事》和《暴风雨》，作于1609年至1613年间。他回归喜剧世界，但着力描写亲人的失散与重逢。这几个剧本都以大团圆作结，结局或奇妙：在《配力克里斯》中，少女玛丽娜（Marina）幸

由于没有任何同时代的文献可资佐证，我们只能假定，黑衣修士剧院和伦敦这些学院的大厅相似。

《冬天的故事》的结尾，忠诚的女仆宝丽娜（Paulina）把遮住皇后赫米温妮（Hermione）雕像的帷幕拉开。大家以为皇后已经死去。

“宝丽娜：我可以叫这座雕像动起来，走下来握你们的手……音乐，奏起来，叫醒她！是时候了，下来吧，不要再做石头了……瞧，她动起来了。（赫米温妮走下来）”（V，3）

免一死，逃出了海盗船和妓院，找到生父。或动人：在《辛白林》里，老辛白林（Cymbeline）失散的孩子们，由一个忠诚的老兵在威尔斯的山洞里教养成人，终于回到父亲身边。或令人惊愕：《冬天的故事》里，里昂提斯（Leontes）国王遇见一生下来即被他流放的女儿潘狄塔（Perdita），却认为她是私生女。

这是一个由幻想所主宰的巴洛克（baroque）世界，人生如梦。《暴风雨》中，普洛斯彼罗为庆祝腓迪南（Ferdinand）和米兰达（Miranda）的婚礼，安排演出假面剧。演出结束后，他叹道："我们都是梦中的人物，一生在酣睡之中度过。"

环球剧院着火，莎士比亚离开伦敦

1613年6月29日，环球剧院上演《亨利八世》。

莎士比亚仍是这里的股东。剧情需要点燃礼炮，结果不小心把场子烧得精光，烧跑了莎士比亚，他匆匆赶回斯特拉特福的家"新地"。他在此与弗莱彻（Fletcher）合写了《两个高贵的亲戚》。弗莱彻与他合作过《亨利八世》。不过，在作品中很难找到莎士比亚的痕迹。

莎士比亚的剧院着火后，他离开伦敦，回到他在斯特拉特福的住宅"新地"（左图）。这是一间宽敞的大房子，高18米，分3层，最高一层为5个并列的顶楼。在镇上行善事的克洛普顿爵士，也曾是房子的主人。

维多利亚时代的画家，特别喜欢再现宏伟的历史场面，莎士比亚的戏剧成了他们的灵感来源。图为哈罗（Harlow）画的《亨利八世》中的一景。国王为与凯瑟琳皇后离婚，召集宗教法庭审理，皇后出庭辩护。

“隐退”和地方事务

关于莎士比亚生命中的最后几年，我们所知不多，只知道，他很下功夫管理自己的财务。1614年，斯特拉特福一桩棘手的圈地案件涉及莎士比亚。他拥有那块土地的部分产权。1616年2月10日，他的女儿珠迪丝——此时已年过30岁，决定嫁给托马斯。实际上，这门婚姻是用来掩饰托马斯的苟且之行的。一

华丽的舞台场面

爱尔兰的画家麦克利斯（Daniel Maclise），用纯粹的19世纪历史画的传统风格，画下《哈姆雷特》中著名场景：王子请宫廷观看《贡扎古遇弑记》（跨页图中央）。哈姆雷特之父的鬼魂显灵，控诉他的叔父克劳狄斯谋朝篡位，他要在演出过程中揭露凶手。“听说犯了罪的人看戏的时候，因为剧情和表演的巧妙，有时会良心发现，当场认罪。毕竟杀了人就是杀了人，干得再怎么掩人耳目，总会泄露出来。我要叫这班戏子在我叔父面前，搬演类似我父亲惨死情节的戏。我就在一旁窥探他的神色，直看透他的灵魂深处，要是他露出一丝不对劲，我就知道应该怎么办。”（《哈姆雷特》II，2）

下页：麦克利斯的风格，较接近意大利作曲家威尔第，而离莎士比亚较远。麦克利斯在表现《麦克白》中宴会场面时，再次远离伊丽莎白时代的简朴风格。

个叫惠勒（Margaret Wheeler）的姑娘失身于他，生下私生子后，母子双双死去。事情败露后，莎士比亚受到很大的打击，健康想必也受到了影响。

3月25日，莎士比亚叫来公证人修改遗嘱，保护大女儿不受这

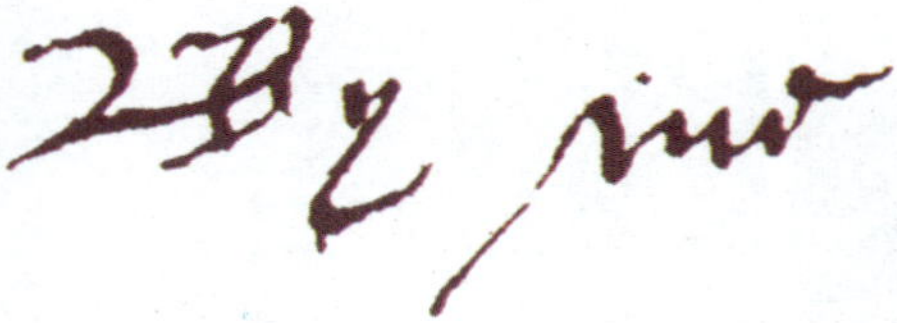

行为不端的小女婿欺侮。他在亲笔签名的3页遗嘱里，把大部分财产赠给苏珊娜，把“仅次于最好的床”赠给妻子——传记作者大为纳罕。莎士比亚死于4月23日，恰逢他52岁生日。死因不明，可能是他从伦敦回来，旅途劳累。也可能，根据50年后斯特拉特福的牧师瓦德（Ward）的说法，是他与友人德雷顿（Drayton）和琼森欢聚，暴饮暴食致死。

1623年的对开本全集

国王供奉剧团的两位演员赫明（Heminge）和康德尔（Condell），把莎士比亚剧作的文本提供给后人。他们这么做，不仅为了让莎士比亚名垂千古，也为了与肆无忌惮的众家出版商对抗。出版商发表了一些假借莎士比亚之名所作的剧

本。印刷商兼出版商贾加尔（Jaggard）和儿子伊萨克（Isaac），于1623年11月出版的对开本售价1镑。卷首开列分为喜剧、历史剧和悲剧的36个剧本的目录，但缺《配力克里斯》和《两个高贵的亲戚》，也有在环球剧院或黑衣修士剧院上演这些剧本的主要演员表。

由沃里克的公证人科林斯（Francis Collins）起草的莎士比亚遗嘱共3页，莎士比亚在每一页都签了名。莎士比亚的笔迹传世甚少，这3个签名因而弥足珍贵。

告别人间

莎士比亚安葬在圣三一教堂，墓碑上的铭文据说是他自己写的。

好朋友，看在耶稣分上，
莫要挖掘这里的墓葬。
容此碑石者老天保佑，
移我骸骨者要受诅咒。

“不再畏惧日晒如蒸，寒风彻骨也不再怕。人世重负既已完成，拿走工资返回天家。青春男女谁无一死，扫烟囱者亦有其时。”

《辛白林》Ⅳ，2

法兰德斯艺术家扬森（Janssen），用柯茨窝尔山（Cotswolds）的石头，为他雕了一座胸像。但见他右手执鹅毛笔，左手持纸，眼睛直勾勾地望着前方。因此有人说他像个“心满意足的熟肉店老板”。不过，正如琼森在他为对开本写的献辞诗中所说的，他的朋友莎士比亚真正的纪念碑，乃是他的作品：

你是一座没有墓穴的碑，
将与你的著作永存天地间。

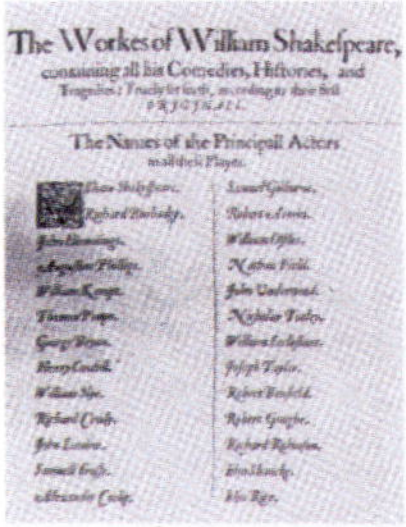
The Workes of William Shakespeare,
containing all his Comedies, Histories, and
The Names of the Principall Actors

A CATALOGVE
of the ſeuerall Comedies, Hiſtories, and Tragedies contained in this Volume.

COMEDIES.

HISTORIES.

TRAGEDIES.

见证与文献

莎士比亚戏剧的多样性

1623年出版的对开本，
把莎士比亚的戏剧分成
历史剧、喜剧与悲剧3大类。
喜剧分4个不同时期：
青春喜剧、浪漫喜剧、
问题喜剧和晚期喜剧，也称
“罗曼史”或“悲喜剧”。
悲剧也可做如下区分：
罗马悲剧，如
《裘力斯·恺撒》、
《安东尼与克莉奥佩特拉》和
《科利奥兰纳斯》；
激情悲剧，如
《罗密欧与朱丽叶》和
《奥赛罗》；
复仇悲剧，如
《泰特斯·安德洛尼克斯》和
《哈姆雷特》；
以及取材于编年史的悲剧，
如《李尔王》和
《麦克白》。

The Tragedie of King Lear.

Much adoe about Nothing.

除了两部独立的作品《约翰王》（1596—1597）和《亨利八世》，8部历史剧组成两组四部曲。它们在对开本里排定的次序，不是根据史实发生的年代，而是依照写作的时间。

史实取自霍尔（John Hall）和霍林希德的编年史。各剧中表现命运反复无常，先把王公贵人推上巅峰，然后又把他们投入深渊，也揭示天意的各种显现方式。

这些剧本中，国王的命运往往悲惨不幸。光芒逼人的王冠似乎压垮了戴王冠的人，他需要应付隐藏在阿谀奉承后面的背叛，乃至抵抗公开的叛乱。君主的权力即便来自上天，也得担心受到篡夺。他必须行使权威，把任何想要不服从他的企图在萌芽状态就扼杀。各剧里的国王，有时不称职或者受到争议，如理查二世偏信毁坏皇家基业的嬖臣；也可能是个凶残的恶棍，如理查三世开创了血腥的暴君专制时代。历史的循环与王朝的兴衰，说明君主既伟大又孤立。人君一旦褫下象征权力的华衮，就和普通人没有两样，在死亡面前同样脆弱，同样焦虑不安。这些历史故事里，家族和家族之间为争夺权力而钩心斗角，各色人等为实现自己的野心而不择手段，同时也有金戈铁马的战争。战事在舞台上就成为或辉煌或可怕的耀武场面，继之以惊心动魄的格斗。

喜剧是莎士比亚戏剧的要角，几乎占他全部剧作的半数，而且从他创作生涯之始至结束，都有喜剧作品问世。早期的喜剧作于1593年至1596年间，有《错误的喜剧》《驯悍记》《维洛那二绅士》《爱的徒劳》和《仲夏夜之梦》5部。这些作品各不相袭，或运用幻觉、误会等手法，或制造情敌相争，夫妻力图制服对方等情节，表现人生各种可笑的人物和事件。

成熟时期的喜剧，亦称浪漫喜剧，都作于1596年至1600年间，包括《威尼斯商人》《无事生非》《皆大欢喜》和《第十二夜》。《温莎的风流娘儿们》别具一格，莎士比亚用两三个星期的时间写成，以满足女王想看福斯塔夫如何谈恋爱的愿望。

浪漫喜剧主要以爱情为题材，写年轻男女相爱，却遭到父亲反对，或遇到好寻衅者从中作梗。他们承受爱情的磨难，来到一个奇特的世界，如《仲夏夜之梦》中雅典附近的森林，或如《威尼斯商人》中鲍西亚（Portia）在贝尔蒙特（Belmont）的府邸，终于否极泰来。一对对有情人终成眷属，举行盛大的婚礼。

后来，莎士比亚写了几部比较阴沉的喜剧。这些喜剧因带有较浓的哲学意味，或提出难解的问题，被称作“问题喜剧”，如《特洛伊罗斯与克瑞西达》（有时此剧归入悲剧）《终成眷属》和《一报还一报》。

莎士比亚在创作生涯初期很少写悲剧。大约作于1593年的《泰特斯·安德洛尼克斯》，取材于塞内加的剧本和奥维德的神话，因包含许多残酷的肢解尸体和食人场面，故而是无法演出的。3年后，莎士比亚写了《罗密欧与朱丽叶》。这是一部激情悲剧，更是受命运捉弄的悲剧，因为促成这对年轻情侣殉情的，是一连串不幸的巧合。直到剧终，观众都一直不希望见到悲惨的结局。这部剧本富有抒情气息，处处可见强有力的意象，俯拾皆是黑夜与白昼、青春与老年、爱情与死亡的深刻对比，凡此种种，都是天才早熟的标记。

《裘力斯·恺撒》《安东尼与克莉奥佩特拉》和《科利奥兰纳斯》，这3部1599年起创作的剧本，与早期的历史剧相呼应。把它们归入“罗马悲剧”，当无争议。这一次，莎士比亚不是取材于霍林希德的编年史，而是从普鲁塔克的《人物传》汲取灵感。诺斯（Thomas North）于1579年把《人物传》译成英文。这3部剧本中，《裘力斯·恺撒》和《科利奥兰纳斯》既是政治剧，也是理想主义（勃鲁托斯〔Brutus〕）或野心（科利奥兰纳斯〔Coriolan〕）与现实的残酷冲突，而《安东尼与克莉奥佩特拉》则是男女情欲的悲剧。

莎士比亚创作生涯的第二阶段，始于他的剧团在环球剧院演出。这个阶段的重要作品是四大悲剧：《哈姆雷特》《奥赛罗》《李尔王》和《麦克白》。

《哈姆雷特》可以归入复仇悲剧，一种源自基德的《西班牙悲剧》的体裁。此外还有另一部也以哈姆雷特为主角的剧本，很可能也为莎士比亚提供了原型。可惜剧本后来逸失了。《哈姆雷特》也是问题剧，主角先是对父亲的鬼魂显灵将信将疑，后来又不同于其他复仇者的冲动，反而迟迟不执行鬼魂的嘱托。这部悲剧是莎士比亚最有名的剧本，以其丰富与复杂，在全部莎剧中居重要地位。它不仅是政治剧、哲理剧，还包含对戏剧自身的思考，见于剧中伶人出场的那场戏和戏中戏。

《奥赛罗》则是家庭悲剧，或可说是一部由于嫉妒心作祟而结局不妙的喜剧。它也是错误造成的悲剧：邪恶的小人巧设奸计，天真的外国人误信谗言，于是现实和表象之间的关系颠倒错置。

《李尔王》取材于英国传说，也是讲述一个无可挽回的错误。老国王李尔为甜言蜜语所蒙骗，把国土分给大女儿和二女儿，却放逐了只说实话的小女儿。直到他历尽磨难，一贫如洗，神志不清，他的弄臣，也就是化装成乞丐的埃德加（他也被自己父亲逐出家门）告诉他真相时，他才明白生而为人是如何脆弱，自己又铸成了多大的错误。

在《哈姆雷特》里有鬼魂出场，超自然因素已初露端倪；到《麦克白》时，3个不祥的姊妹更是咒语不离口，代表超自然的力量操纵一切。她们在战胜之夜，前来诱惑英勇的战将麦克白，煽起他的疑虑，勾起他的野心。在他一味追逐权力的妻子推动下，麦克白杀死国王，成了嗜血的暴君。只要能保全自己的权力，他不惜与邪恶的力量做任何交易。《麦克白》既是玄学剧，也是政治悲剧。它把善与恶的战争提升到宇宙的层次来认识，用语言和形象的力量描绘了可怕的图景：恶的势力强大无比，专以毁灭无辜者和生命的源泉为务。

在生涯的后期，莎士比亚倾全力创作一种相当新的戏剧类型，即所谓的“罗曼史”或“浪漫剧”。他这样做，想必是为了迎合公众对情节剧和奇妙的舞台效果的喜好。购得位于伦敦西部的黑衣修士剧院之后，制造各种舞台效果就不再是梦想。这些写于1608年至1613年间的剧本，是《配力克里斯》《辛白林》《冬天的故事》《暴风雨》和《两个高贵的亲戚》。《亨利八世》不在其列，它的风格接近历史剧，而不是这些晚年喜剧。

拉罗克
(François Laroque)

《罗密欧与朱丽叶》

在以下这段独白中，朱丽叶焦急地等待罗密欧前来与她幽会。她还不知道，情人刚才杀死了她表哥提伯尔特，被判流放。绵绵柔情与残酷的事实交替出现，这是悲剧常用的手法。

朱丽叶：快跑，你这蹄上踩了风火轮的马儿，快向太阳歇息的地方飞驰而去。愿驾车的腓通，太阳神之子，鞭策你往西，立刻带来多云的夜晚。即将演出一场爱情的夜啊，把紧闭的帷帘拉开吧！

路人的眼睛一眨，罗密欧便投入我怀抱，无人看见，也不受议论!恋人们在自己的美丽之中两情缱绻，若爱情是盲目的，便与黑夜相称。

来吧，儒雅的夜!你那端庄朴素的看护妇一身玄黑，教我如何输去一场胜算在握的游戏，以无瑕的童真为筹码；用你黑色的大衣，遮住我颊上闪现的潮红，待我心中难解的爱逐渐大胆。我想，真爱该以单纯而诚实的方式表达。

来吧，夜！来吧，罗密欧！来吧，黑夜里的日子！你将憩息于夜的双翼之上，比落在乌鸦背上的初雪更白皙。来吧，温柔的夜！来吧，充满爱意之黑眉的夜!把我的罗密欧给我，若他死了，就把他碎成片片星斗带到我面前。那么，他将把夜空装饰得

吉尔古德与阿什克罗夫特（Peggy Ashcroft）分饰罗密欧与朱丽叶，1935年。

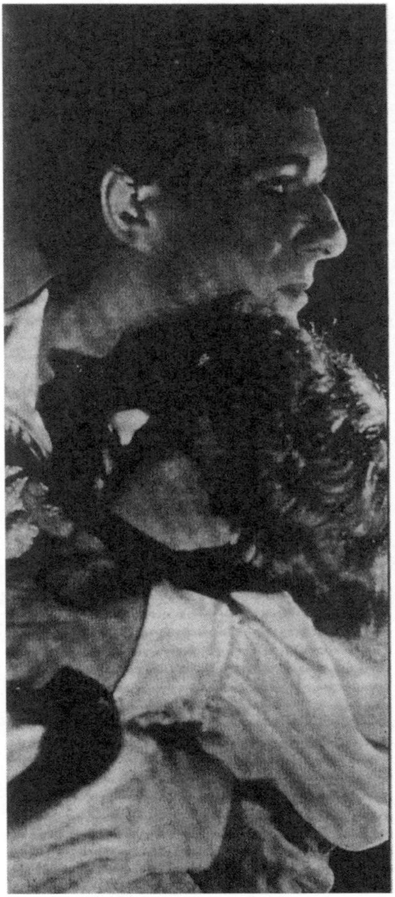

细致无比，全世界的人因他而爱上夜，不再崇拜刺亮的太阳。
噢!我买下了一栋爱情的华厦，但它并未属于我。而即使我已被卖出，但尚未被占有。
今天沉闷而漫长，我像个买了新衣的孩子，不耐烦地等待明日的节庆，怕自己没机会穿它。
噢，我的奶妈来了。

《罗密欧与朱丽叶》Ⅲ，2
王平原译自英文原作

《驯悍记》

剧中的悍妇凯萨琳娜，最后却发表长篇大论，阐述女人应服从她们的“丈夫和主人”。这是彼特鲁乔为使友人吃惊而策划的剧情转折，同时也叫比恩卡（Bianca）和寡妇无地自容——她们一结婚就变得脾气恶劣。这里既表达了当时盛行的传统夫权主义观点，也对观众使了一个讥讽的眼色，暗示他们，在这个世界上一切无非幻觉和游戏。

凯萨琳娜： 丢脸！解开那凶恶的愁眉吧，别投出咒诅的目光，免得伤了你的主，你的王，你的统领。那也损了你的美，如同草地上降了霜；毁了你的名，如同飓风摧残了花苞。
再说，这也是不妥当、不可爱的。一个生气的女人，像一眼散射的泉，多泥，丑陋，愚鲁，美丽尽失。再怎么口干舌燥的人，也不想沾上一滴。你的夫君就是你的主，你的命，你的保护神。他是你的头，你的领主。他照顾你，在海上陆上劳动躯体，辛勤工作，好供养你。
暴风雨的夜里，严寒的白日，他炯炯守候，而你安安稳稳待在室内，温暖舒适。
他想的，也不是别的什么贡品，只不过是爱情、丽颜和顺从；你欠他那么多，只要还他这些，真是太微不足道了。
奴仆应尽忠主子，女人当服从丈夫。若是女人易怒，阴沉，尖酸，不肯听从丈夫的意思，她可不就是个粗俗，好争辩，不懂得知恩图报的叛徒？女人真是笨。该服侍他，爱他，听他话时，自当跪下求和，央他统理，却偏要挑起战争。
为什么我们的身体无力而单薄，做不来世间的苦役和难事？
但难道我们的心和存在，竟和我们的体力一样柔弱吗？
来吧，你们这些卑微无用的虫，若要吵架，怒目相向，我的心志和你们一样大，一样雄伟，甚至可能更理性一些。但现在，我们的长枪不过成了草茎，我们的气力衰弱，没有人比我们更无力了。
收敛你的傲气，因傲气无用。把你的手放在你丈夫脚上，表示我的手愿意

服侍，只要他答应。

彼特鲁乔：哟，这可是我女人了。来，亲我一个。

《驯悍记》V，2

王平原译自英文原作

《威尼斯商人》

在下面这段戏里，放高利贷的犹太商人夏洛克，淋漓尽致地表达了他对商人安东尼奥的复仇之心，这个商人羞辱过他，而且没有准时归还欠他的 1000 达卡银币。此外，他的女儿杰西卡（Jessica）与基督徒私奔，携走了他的巨款。犹太人怒不可遏，要求严格执行法律，并在一段既狡诈又悲怆的独白中，诉说他身为外国人的遭遇。这段文字可说是最早的人权宣言。引文中的萨兰尼奥（Solanio）和撒拉林诺（Salarino），都是安东尼奥的朋友。

萨兰尼奥（以下简称萨）：嘿，夏洛克。商人中间有什么消息？

夏洛克（以下简称夏）：什么消息？我女儿逃走啦，什么消息。你可是比谁都清楚这事的。

撒拉林诺（以下简称撒）：是啦，连我都知道，她逃走时用的那对翅膀，是哪个裁缝做的。

萨：夏洛克自己也明白吧，小鸟长大了自然是要飞离父母的。

夏：她若真的要走，就太可恶了。该下地狱。

撒：假如魔鬼是她的判官，那她准会被罚入地狱的。

夏：我的亲生骨肉居然背叛我！

萨：这种年纪就反叛父亲，让她自生自灭也罢。

夏：女儿毕竟是我生的，身上流着我的血。

萨：你的肉和她的肉可不一样啦，比炭木和象牙还差得多；你们的血也不同，一个是红葡萄酒，一个是白酒。好啦好啦，不管这些，你有没有听说安东尼奥在海上有什么损失？

夏：关于这人，我可又有一桩倒霉

事了。安东尼奥这个败家子，花钱如流水，他敢来试试看，本来还整整齐齐，人模人样的，到时让他变成个乞丐，叫他小心他的借条。他老是骂我放高利贷，叫他小心他的借条。他老是依基督徒的礼貌借钱给别人，不收取利息，叫他小心他的借条。

撒：可是我怎么觉得，假如他违约不还钱，你也不会割下他的肉，割他肉有啥用？

夏：用他肉来当饵，好歹能钓鱼。就算不能喂饱什么，至少满足了我报复的念头。他羞辱了我，害我做不成生意，笑我赔钱，讽刺我发财，看不起我的国家，阻碍我的买卖，让我的朋友疏离我，却教我的敌人更活跃，他存的什么心？

我是犹太人，难道就没有眼睛、没有手？没有五脏六腑、七情六欲和感官知觉？

基督徒和犹太人吃的东西不一样吗？受了武器攻击不都会受伤吗？生了同样的病可用同样的方法治疗，冬天都觉得冷，夏天也同喊着热。

若刺我们一下，我们不会流血吗？搔我们痒，我们不会笑吗？向我们下毒，我们不会死吗？

而一旦你们恶意对待我们，我们难道不能报仇？如果在其他地方我们和你们都一样，那么在这一点上也是相同的。若有犹太人欺侮基督徒，基督徒会怎么反应？报复！反过来说，当基督徒欺侮犹太人时，犹太人可照着基督徒的榜样，也要报复!你们教我的恶形恶状我全会用上，而且要更厉害些。

《威尼斯商人》Ⅲ，1
王平原译自英文原作

《裘力斯·恺撒》

恺撒被勃鲁托斯（Brutus）、凯歇斯（Cassius）和其他同谋刺杀后，执政的安东尼（Marcus Antonius）对平民发表的演说，措辞极富煽动性，堪称修辞学的杰作。

市民甲：恺撒是暴君。

市民丙：还用你说？能把他除掉是罗马的福气。

市民乙：安静！听听安东尼怎么说。

安东尼：各位文雅的罗马人——

众市民：嘿，安静！听安东尼说话。

安东尼：朋友们，罗马人，同胞们，请听我说。我来埋葬恺撒，而非赞美他。吾人所行的恶于死后犹存，所行的善却往往与骨骸同埋。恺撒也是如此。高贵的勃鲁托斯对你们说过，恺撒野心勃勃。事情如果真是这样，那确实是个重大的过失，而恺撒也为此付出代价了。

现在，蒙勃鲁托斯及其同侪的允许——勃鲁托斯是个君子，他的朋友也都是——我在恺撒的葬礼上要说几句话。
恺撒是我的朋友，待我忠信并且公正，但勃鲁托斯却说他野心勃勃，而勃鲁托斯是个君子。
恺撒曾经掳了不少人到罗马，赎金全入了公库，他这么做看来野心勃勃吗？穷人哭时，恺撒一同落泪，野心应当是更铁石心肠的东西，但勃鲁托斯却说恺撒野心勃勃，而勃鲁托斯是个君子。
你们都看到的，我三度向恺撒献上王冠，他次次拒绝，这叫野心吗？但勃鲁托斯却说他野心勃勃，当然，勃鲁托斯是个君子。
我并不是说勃鲁托斯的话不对，只是要说出我知道的事。你们都曾爱过恺撒，想必有原因。那么，是什么阻止了你们，不为他哀悼？
噢，判断力呀！你已逃到恶兽那方，而人已失去理性。原谅我，我的心与棺里的恺撒同在，现在，我必须暂停，等我的心回来。
市民甲：他说的很有道理。
市民乙：如果你好好想过，会知道恺撒大错特错。
市民丙：有吗？大人？恐怕继他位的人更糟！
市民丁：没听安东尼说吗？恺撒不愿当国王呢！显然他并非野心勃勃的。
市民甲：倘若真是如此，有人就得等着瞧了。
市民乙：可怜哪！他的眼红得像是哭过了。
市民丙：全罗马境内，没有人比安东尼更高贵了。

《裘力斯·恺撒》Ⅲ，2
王平原译自英文原作

《皆大欢喜》

杰克斯本是浪荡子，悔过后变成忧郁的讽刺家，在阿登森林里观察并挖苦被放逐的公爵的小朝廷。这里，他发挥了巴洛克喜剧惯用的主题，把世界比作舞台，世人皆是剧中人。

杰克斯：全世界是一个舞台，世人无分男女，只不过是演员，上场、下场各有其时。一个人一生要扮演许多角色，他的表演分成7个阶段。
最开始是婴儿，在保姆怀里嘤嘤唔唔，吸啜吐奶。
接着是欢叫的学童，大清早背着书包，小脸儿发亮，却不情不愿地用蜗牛的速度晃到学校。
然后是情人，发出壁炉般的叹息，哼着哀怨情歌，颂赞他心上人的弯弯月眉。
随后是军人，满口奇特的誓词，胡髭长得像头猪，动不动就吵架，居然想在炮口上寻找虚名。
接下来是法官，挺个鼓鼓的啤酒肚，

肚里塞满了肥鸡，眼神严厉，胡须有形，开口便是格言成语，新闻事件了如指掌，也算是尽忠职守。

第六阶段是傻老头儿，身穿窄管裤，脚趿拖鞋，鼻上夹着眼镜片，腰上挂个钱袋，年青时候的长筒袜穿在细瘦的小腿上显得太宽松，昔日洪亮的男声已变成尖细的童音，不时嘶嘶咻咻叫。

最后一场景，结束了奇特又多事的一生，乃是童呆与遗忘，齿落眼茫，饮食无味，一切尽失。

《皆大欢喜》Ⅱ，7
王平原译自英文原作

《第十二夜》

爱上奥西诺（Orsino）公爵的薇奥拉，女扮男装，化名塞萨里奥，给这位住在伊利亚城的公爵当仆人。公爵命她送情书给美丽的奥丽薇亚（Olivia）伯爵。她在路上遇到小丑费斯特。他们的对白妙趣横生，极尽文字游戏之能事。

薇奥拉（以下简称薇）：平安，朋友。你靠打手鼓过活吗？

丑（即小丑费斯特）：不，我靠着教堂过日子。*

薇：你是个教士吗？

丑：没这事儿。我是说我住在教堂附近。我住在自己屋里，而我的房子就

罗伯逊演薇奥拉，库柏（Gladys Copper）演奥丽薇亚，1939年。

在教堂旁边。

薇：那如果有个乞丐住得离王宫很近，你不就可以说，国王就住在乞丐窝附近；或者可以说，如果你的手鼓摆在教堂旁边，那么教堂就盖在你的手鼓旁。

丑：没错。看看这年头！对一个机敏的人来说，一句话好比一副羊皮手套，里子那面一下子就可以翻转成正面。

薇：还用你说。善于舞文弄墨的人，很容易把文字弄得轻浮荒唐。

丑：所以我希望我妹妹不要有名字。

薇：为什么呢?

丑：为什么啊，先生，她的名字也是个字，在她名字上舞弄花样，可不就使我妹妹变得轻浮了？所以说喽，自从文字受到限制以后，就变成无赖了。

薇：怎么说呢?

丑：是真的，先生。你看，若没了文字，我怎么向你解释我的理由？可是文字现在变得那么糟糕，我可不愿意用它们来表达我的理由。

薇：我敢说你是个快乐的家伙，无忧无虑。

丑：才不是。我真的关心某些事。不过凭良心说，先生，我不关心你。如果我什么都不关心，那你倒不如隐身不见的好。

薇：你是不是奥丽薇亚小姐府上的傻子?

丑：其实不是。奥丽薇亚身边没有傻里傻气的人，一直到她结婚嫁人了才会在屋里养傻子。说傻子就像丈夫，差不多等于说沙丁鱼像鲱鱼，只不过丈夫个头比较大。我真的不是她的傻子，只是替她破坏文字的人。

薇：我前阵子在奥西诺公爵府见过你。

丑：愚行如同太阳一般，依轨道运行而散射四处。抱歉，但我必须说，傻子经常跟着您的主子，一如傻子常在我情人旁边。我想，我看到您的智慧了。

薇：好啊，转移对象，开起我的玩笑了。我不理你了，拿去，6便士给你。（给钱）

丑：天上的神保佑你，下次送出毛发类的货物时，会送你胡子！

薇：说到胡子，我倒要告诉你，我真的为一个胡子差点儿害病，不过却也不想脸上留胡子。你们小姐在家吗?

丑：（指指钱币）这几个子儿不够养儿子吧?

薇：一块儿放着存起来，就能养儿子。

丑：我想演个角色，弗立基亚的潘达勒斯，那么我就能为这个特洛伊罗斯找来一个克瑞西达。**

薇：我看你真懂得乞讨。

丑：事情可别闹大了，克瑞西达是乞丐，我不是乞丐却行乞。小姐在家，我去通报，说您什么时候来的。至于您是谁，您来有何贵干，可就不干我的事了。我可以说不在我负责的“范围”之内，可是这字给用滥了。

薇：这家伙真够聪明，演个傻子挺恰当。要把个傻子演好，是需要点机智的。他必得观察所要挖苦的人正值何种情绪，是个怎样的人，时机又妥不妥当，而不是每一根飘过眼前的羽毛都不放过。傻子的工作不轻松，得和聪明人一样认真。聪明地显出傻气还不错，傻话由聪明人口中冒出可就不妥。

《第十二夜》Ⅲ，1
王平原译自英文原作

吉尔古德的哈姆雷特扮相，1934年。

*原句“I live by the church”，既可理解成“我以教堂维生”，也可理解为“我住在教堂附近”。

**《特洛伊罗斯与克瑞西达》出自乔叟的同名作品。特洛伊国王之子特洛伊罗斯，爱慕逃离希腊的祭司之女克瑞西达，后经克瑞西达的叔叔，也是特洛伊罗斯的朋友潘达勒斯撮合，两人过了3年幸福日子。

《哈姆雷特》

哈姆雷特以“生存还是毁灭”（To be or not to be）开头的长篇独白，可说是莎剧中最有名的段落。克劳狄斯王和大臣普洛涅斯让奥菲利娅和哈姆雷特单独相处，他们躲在一边窃听，借此弄清哈姆雷特的真实意图。

哈姆雷特：生存着好呢，或是死去才好？这真的是难题。活着，承受狂恶的命运投来石子与利箭；或是拿起武器，对抗汹涌如海的苦难，奋斗至死，哪一种方式比较高贵？

死了，就是沉沉睡去，一切尽归空无。若说就此一睡，便能解除肉体所必须承担的所有痛苦与锤炼，那真是最完美的结局了。

死了，睡着；睡着，可能还会做梦，这才难了。

是我们自己草草摆脱了这必朽之身躯，那么，在死亡之眠里能做什么梦，一定会让人为之斟酌的。

患难之所以如此长寿，恐怕正缘于此虑了：你说，谁愿意忍受时间的鞭笞与嘲讽？任压制者欺侮？任骄傲的人趾高气扬？谁愿意承受爱情被蔑视时的痛楚？当法律不能及时执行，官吏蛮横，而卑微的人辛勤劳苦仅换来不屑——只要一枚长针便能结束一生，谁愿意活着？要不是因为害怕那死后未知的事物，害怕那无人曾发现，却没有任何旅人去过后能重返的国度，谁愿意背起这样的负担，在无趣的生命旅程中呻吟流汗？是这样的恐惧令我们的意志也困惑了，宁可承受生之折磨，而不肯飞向我们所不知的痛苦。

德·萨特所演的哈姆雷特，1988年。

理智确乎使我们全都成为懦夫，果断力本有的光彩，因思虑再三而蒙上一层苍白。需要伟大的精神方能完成的事业，将因此走差了方向，失去行动的意义。
等一等，美丽的奥菲利娅。
女神，当你祈祷时，莫忘代我为我的罪愆忏悔。

《哈姆雷特》Ⅲ，1
王平原译自英文原作

《奥赛罗》

奥赛罗的旗手伊阿古（Iago）设下毒计，向奥赛罗频进谗言，使他妒火中烧，在新房里用枕头闷死了苔丝狄蒙娜。他在剧终时的大段雄辩十分动人。这是一个过时英雄最后的抗争，他要以悲壮的方式告别人世。下段文中的葛莱西安诺（Gratiano）是勃拉班修之弟，罗多维科（Lodovico）则是勃拉班修的亲戚。

奥赛罗： 且慢。你们走之前我有话要说。我曾为国效力，当局是知道的。那些都不必多说了。我求你们，如果你们打算向他们叙述这些不幸的事，请如实描述我这个人，不必回护，也不要恶意诋毁。
你们应当说，我这个人爱得太深然而不智。我不随便生嫉妒之心，但一受煽动便难以收拾。我就像低下

劳伦斯·奥立佛与麦琪·史密斯（Maggie Smith）演奥赛罗与苔丝狄蒙娜，1965年。

的印度人，顺手便丢弃一颗珍贵犹胜于全部族之财富的珍珠。我不惯于温情软语，但我柔和的眼若落泪，便如阿拉伯胶树滴下汁液般汹涌。

记下我这些话，并且还要说，有一回在阿勒普，一个包头巾的坏心土耳其人，殴打一个威尼斯人，破口大骂我们国家，我一把抓住那被阉了的狗家伙，抓住他咽喉猛打，杀了他，像现在这样。（以剑刺自己）

罗多维科：天哪，残酷的句点。

葛莱西安诺：说的话又要重来。

奥赛罗：杀你之前我与你吻别，现在，我的性命也在一吻里终结。

《奥赛罗》V，2
王平原译自英文原作

《麦克白》

麦克白惑于3个女巫的预言，又受他野心勃勃的妻子唆使，趁前来家中做客的邓肯国王熟睡之际，把他杀死。接下来，女巫的预言应验了，他继位当了国王，后来成为可怕的暴君。现在他已众叛亲离，陷入绝境。就在他获悉王后去世时，他的邓西嫩（Dunsinane）城堡又已被义军包围。下段文中的西登（Seyton），是麦克白的侍臣。

麦克白：把旗帜挂在外墙上吧。叫喊声未歇，“他们来了”，“他们来了”。我们的城堡固若金汤，不怕他们围攻。让他们来吧，让饥馑和疟疾把他们击垮。要不是因为有我们的人倒戈，我们就可以迎头痛击，短兵相接，打他们个落花流水滚回家。（妇人哭叫声）吵什么吵？

西登：女人们哭着，陛下。（下场）

麦克白：我久已不知恐惧的滋味。曾经，夜里一声尖叫可以让我发冷，远处一根头发掉落，也足以使我惊吓，以为有什么动静。现在，我深知恐怖为何物，常想着有关杀戮的事，再无任何事物能让我感觉悲惨。

（西登又上场）

那哭声是为了什么？

西登：陛下，王后死了。

麦克白：她不该这么早死。现在不是听到这消息的时候。

明天，明天，又明天。就这样，日复一日，用琐碎的步调前进，直到生命的最后一个音节。

所有的昨日，都为傻子照亮了他们通向尘土般之死亡的路途。熄了吧，熄了，生命短促的烛火。

生命不过是行走的影子，可怜的演员在舞台上时而昂首阔步，时而焦躁不安，一旦走到尽头便悄无声息。

生命是一个白痴所说的故事，有声有色，但毫无意义。

《麦克白》V，5
王平原译自英文原作

《十四行诗集》

对于伊丽莎白时代的人来说，诗既是语言艺术，又是对美的风雅崇拜。莎士比亚的《十四行诗集》（1609）中，每一首都是一个瞬间的丰碑。这部诗集包括154首格式一律的诗：三组四行诗后跟着一组两行诗。前127首诗是写给一名年轻的美男子的，诗人对他的感情相当暧昧，介于友情和爱情之间。后27首诗抒写对一位水性杨花的黑女郎的爱情。除了词藻华丽之外，这些十四行诗的特点还在于它们不拘泥于习俗，并且感情真挚。诗中可窥见作者的自传成分。

第七十三首

在我的诗篇，你可以看见那季节：
倾圮的教堂荒芜凄冷，犹记鸟儿欢唱；
也许没有，也许还有泛黄的树叶
挂在唱诗坛废墟，凭墙摇动的枝干上。

在我的诗篇，你看见落日的余晖
在西方消逝后，黑色夜晚，另一种死亡，
把一切的一切禁闭在静寂之内，
急急，急急带走一日仅存的微光。

在我的诗篇，你看见泛红的火光
业已消耗，在那曾经给予光热的柴薪；
犹如生命终必熄灭之时的卧床，
曾经年轻，火苗初长的地方，已是灰烬。

凡此你所见，让你的爱情更坚韧。
你不久终需离去的，请好好爱恋。

王平原译自英文原作

73

That time of year thou mayst in me behold
When yellow leaves, or none, or few, do hang
Upon those boughs which shade against the cold,
Bare ruined choirs, where late the sweet birds sang.

In me thou seest the twilight of such day
As after sunset fadeth in the west,
Which by and by black night doth take away,
Death's second self, that seals up all in rest.

In me thou seest the glowing of such fire,
That on the ashes of his youth doth lie,
As the death-bed whereon it must expire,
Consumed with that which it was nourished by.

This thou perceiv'st, which makes thy love more strong,
To love that well which thou must leave ere long.

第一三〇首

明眸如丽日，那决不是我女人的双眼；
她的嘴唇便算红，也远远不及那珊瑚。
听说美发如金丝，何故她发黑像铁线？
听说酥胸白若雪，何故她胸脯色如土？

红蔷薇，白蔷薇，蔷薇红白相间多娇嫩！
但是啊，在她的腮颊，找不到红粉玫瑰。
我爱人口中吐出的气息也算不难闻，
却怎么比得上有些令人心怡的香味？

我是喜欢听她讲话，但我不是不清楚，
音乐的那种声音，更是加倍悦耳动听。
没有错，我从不曾见过女神怎么走路，
可我肯定决不似我那女人踩地步行。

不过我发誓，在我看，我爱人宝贝一如
配不上这些个荒唐比喻的任何女子。

王平原译自英文

130

My mistress' eyes are nothing like the sun;
Coral is far more red than her lips' red:
If snow be white why then her breasts are dun;
If hairs be wires, black wires grow on her head.

I have seen roses damasked, red and white,
But no such roses see I in her cheeks,
And in some perfumes is there more delight
Than in the breath that from my mistress reeks.

I love to hear her speak, yet well I know
That music hath a far more pleasing sound.
I grant I never saw a goddess go,
My mistress when she walks treads on the ground.

And yet, by heav'n, I think my love as rare
As any she belied with false compare.

莎士比亚戏剧的演出

莎剧的演出，历来注重
再现伊丽莎白时代的氛围。
到了20世纪初，则着重
回归伊丽莎白时代
质朴的舞台设计。
当代的导演各出机杼，
莎士比亚戏剧得以历久不衰。

莎士比亚当年，伊丽莎白时代的舞台相当简陋，布景往往只具象征性，甚至仅存其意而已。

只有在宫廷里演出假面剧时，才使用布景层次丰富的意大利式舞台。视觉效果既差，则利用格斗场面、脸部表情、模仿雷声、点燃爆竹，以及为造成血流遍地的幻觉而使用牛血袋等手法，刻意营造舞台气氛。台词和演员的声音更是能推动剧情发展，激发观众的想象力。连剧中人物哈姆雷特也嘱咐前来厄尔斯诺演戏的伶人，务必念好道白（Ⅲ，1）。

剧本在英国的外省城市和伦敦上演，有时也在海船上演出。演员也到国外做巡回表演。我们知道，1611年就有英国剧团在德国上演《威尼斯商人》。

大部分剧院在内战期间，于1642年遭议会下令拆毁。王政复辟时期，1660年重建剧院时参照了法国舞台装置，采用前台拱门以制造视觉效果。另一重大革新是从此由女演员扮演女角。此一时期，为迎合当代观众的口味，莎剧在演出前，均经戴夫南特或德雷顿等剧作家改编。

18世纪，演员加里克（David Garrick，1717—1779）在英国舞台上称雄。1747年至1776年间，他兼为伦敦德吕里巷剧院的经理。为把莎士比亚的戏剧变成全民的经典，他可说是使足了全力，不过他的改编有时与原作相距甚远。这时期出了一些伟大的演员，他们是最早的明星，由于演出莎剧而在舞台上光芒万丈。爱尔兰演员麦克林（Charles Macklin，1699—1797），1741年扮演《威尼斯商人》中的犹太人夏洛克，声名大噪。1789年，他已经90高龄，再度扮演同一角色。英国的查尔斯·肯布尔（Charles Kemble，1775—1854）也演过许多莎剧人物，最出色的一次，是1823年他在修道院剧场扮演的约翰王。从此，舞台上精心再现剧情发生的时代，演员穿历史服装演出，蔚然成风。他的哥哥约翰（John Philip Kemble，1757—1823）身兼德吕律巷剧院和修道院剧院的经理，同时充当各大悲剧和罗马剧的导演和演员。不过，最伟大的莎剧演员要算是基恩（Edmund Kean，1787—1833），他1814年在德吕里巷剧院演夏洛克，初露头角。然后他在《理查二世》中演葛罗斯特（Glocester），也在《哈姆雷特》《奥赛罗》《李尔王》《麦克白》中演主角。麦克里迪（William Macready，1793—1873）先后当过德吕里巷剧院和修道院剧院的经理，也演过莎剧的大部分悲剧主角。他的主要贡献，是放弃了当时通行的改编原剧的做法，而根据原本上演。

1827年至1828年，英国演员在法国巡回演出，在奥戴昂剧院（l' Odéon）和意大利人剧院上演一系列莎剧。他们的演技令法国观众印象深刻，大大激发了浪漫派的想象力。有许多素描和油画，纪念英国演员在法国献艺，大画家德拉克罗瓦（Delacroix）便为肯布尔扮演的哈姆雷特画肖像。

查尔斯·肯布尔演哈姆雷特，1785年。

维多利亚时代的演出，崇尚再现历史，重视华丽的舞台布景。倡导此一风气的，是欧文爵士（Sir Henry Irving，1838—1905）和特里爵士（Sir Herbert Beerbohm Tree，1853—1917）。欧文爵士自1878年至1902年任兰心剧院（Lyceum Theatre）经理，特里爵士自1887年至1897年任秣市（Haymarket）剧院经理。

这种夸张手法的结果，是舞台布景显得累赘。坡尔（William Poel，1852—1934）反其道而行，努力回归伊丽莎白时代的演出风格。他根据最早的四开本上演简本《哈姆雷特》，没有布景，也没有中场休息。他的风格大大影响了别的演员，如巴克（Harley Granville-Barker，1877—1946）。巴克于1912年至1914年间演出《冬天的故事》《第十二夜》《仲夏夜之梦》等喜剧，享有盛誉。

一次深刻的戏剧革新运动于是展开，很快席卷整个欧洲。几位导演大显身手，如俄国的斯坦尼斯拉夫斯基（Stanislavski，1863—1938）、法国的吕热·坡（Lugné -Poe，1869—1940）、安东尼（Antoine，1858—1943）和法国的科波（Jacques Copeau，1879—1949）。科波是莎士比亚喜剧的译者暨导演，1914年在老鸽舍剧院演出《第十二夜》，也开创了向伊丽莎白时代的艺术回归的风气。世事难料，莎士比亚竟然处于一场扩及法国舞台的革命之中心。

在法国，1947年第一届阿维尼翁戏剧节上，维拉尔（Jean Vilar）采用的导演风格，令人想起莎剧最初演出的条件：他露天演出《理查三世》。后来建立的戏剧中心，培养出布雷庆恩（Roger Planchon）和马雷内尔（Marcel Maréchal）这样的导演，戏剧从此走出习惯的框架。

在英国出现的戏剧运动，在某种程度上故意颠倒时代，与维多利亚时代忠于历史细节的演出风格宣告决裂。如杰克逊（Barry Jackson，1879—1961）于1925年上演的《哈姆雷特》中，剧中人都穿当代服装，以此确认莎士比亚戏剧具有现实意义。格思里爵士（Sir Tyrone Guthrie，1900—1971）以同样的做法，于1953年执导《终成眷属》。这个剧本难得上演，他让公众重新发现它的价值。布鲁克（Peter Brook，1925年生）于1970年在斯特拉特福上演《仲夏夜之梦》。他借现代场景之助，把剧本置入与原定环境不同的情境，从而完成戏剧史上一次成果辉煌的演出：他把马戏团搬上舞台，以取代原剧里青年情侣们徜徉其中的雅典森林。布鲁克后来在法国从事戏剧工作。他曾在北方滑稽歌剧院上演另外两部莎剧，《雅典的泰门》（1974）和《暴风雨》（1990—1991），演出成功。他还把《暴风雨》这部戏，带到1991年夏天的阿维尼翁戏剧节。

此类演出之所以新颖独特，与演出场地大有关系。北方滑稽歌剧院是一家年代久远的意大利式剧院，它破落陈旧的面貌恰到好处地保留下来。与剧团的组成也有关系：演员的种族和文化背景各不相同，有英国人、非洲人、日本人、印度人。他们的口音和语调，赋予

维拉尔演理查二世，1947年。

莎士比亚的台词奇特的色彩。法国导演姆努希金（Ariane Mnouchkine）走另一种路子，她导演的《理查二世》，1981年由太阳剧团在樊尚的子弹库剧院公演，借鉴了日本戏剧的传统，像歌舞伎和能乐。此一演出有划时代的意义，影响了英国和其他国家的许多表演。

70年代中期，皇家莎士比亚剧团的台柱，英国导演汉兹（Terry Hands）来到法兰西喜剧院工作，推出若干莎剧，其中有《威尼斯商人》和令人难忘的《第十二夜》（1976）。在意大利，斯特雷赫勒（Giorgio Strehler）在米兰的皮科罗剧院（Piccolo Teatro）上演的《李尔王》和《暴风雨》，也被认为是典范之作。

80年代，由于英国国家广播公司（BBC）播出全部“经典”，即36个剧本（《两个高贵的亲戚》不在内），并由法国电视三台每星期天下午转播，更多的法国人得以了解莎士比亚的世界。1985年，侯赛因（Robert Hossein）在巴黎凡尔赛门的体育馆演出场面宏伟的《裘力斯·恺撒》，沿袭好莱坞古装巨片的传统，演员面对近4000名观众，需要使用扩音器。

当今法国人对莎士比亚的喜爱是长期累积的结果，阿维尼翁戏剧节上、巴黎或外省大剧院的演出剧目上，几乎都有莎士比亚的剧本。许多卓有才华的导演对此贡献良多。如阿根廷的拉维利（Jorge Lavelli），1980年在阿维尼翁演出《冬天的故事》，极为出色。1986

《仲夏夜之梦》一景，拉维利导演，1986年。

年，他在法兰西喜剧院公演的《仲夏夜之梦》同样精彩，1988年再次上演。来自格勒诺伯勒（Grenoblois）的拉伏唐（Richard Lavaudant），曾以有限的资金导演《李尔王》。然后他采用巴洛克风格，全力追求戏剧效果，在1984年阿维尼翁戏剧节上推出《理查三世》，大受欢迎。舍罗（Patrice Chéreau）于1971年与莎剧初次打交道，导演了《理查二世》。1988年夏天他在阿维尼翁戏剧节上公演《哈姆雷特》，展现深厚的导演功力。下列导演推展莎剧亦是功不可没，如维台（Antoine Vitez）、樊尚（Jean-Pierre Vincent）、索贝尔（Bernard Sobel）、达斯台（Catherine Dasté）和佩罗（Pierre Peyrou）。佩罗于1983年在维莱特（La Villette）上演《泰特斯·安德洛尼克斯》；洛尔卡（Denis Llorca）则在卡尔卡松（Carcassonne）戏剧节上，以《国王们》为总剧名推出《亨利六世》三部曲。卡尔卡松的古城墙遗址，是上演这幅宏伟历史画卷的理想背景。还要提到塞德（Stuart Seide）、马图莱（François Marthouret）、科林（Christian Colin）、梅斯吉希（Daniel Mesguisch）：他们改编的莎剧往往很大胆、很具特色，但有时过分哗众取宠，或者全然推翻传统。

杰出的演员

为数众多，不能一一列举。扮演哈姆雷特的英国演员吉尔古德

（John Gielgud），可说就是其中相当出色的一位。

在英国，凡是成功的演员，无论男女，戏剧生涯中必包括莎剧在内。而在法国，相较于古典或浪漫戏剧而言，莎剧角色却是处于边缘或次等地位。大众可以赞赏某个演员个人的优秀表演，如杜克斯在汉兹导演的《第十二夜》中演马伏里奥（Malvolio），或德萨特（Gerard Desarthe）在舍罗导演的《哈姆雷特》中演丹麦王子，但是重点仍落在导演身上。演员的个性隐没在导演的匠心背后，如布鲁克、斯特雷赫勒或姆努希金的剧团。另一方面，在英国常有名演员当上导演或剧院经理，而在法国，界限划分比较严格，但有几个例外，如侯赛因或维台。

《哈姆雷特》是莎剧中最有名，大概也是最伟大的剧本。光看这部戏，曾成功扮演那忧郁的丹麦王子的演员名单，也已经很长了。在浪漫时期，最伟大的演员是约翰·肯布尔、基恩和麦克里迪。1874年，宏伟的舞台场面成为时尚，欧文爵士在兰心剧院接替麦克里迪扮演哈姆雷特。罗伯逊爵士（Sir Johnston Forbes-Robertson，1837—1937）于1897年在他自己导演的《哈姆雷特》中演主角，后来又在1913年拍摄的默片电影中演同一角色。法国女演员贝纳（Sarah Bernhard）也曾于1899年演过哈姆雷特。1900年在兰心剧院，本森爵士（Francis Robert Benson，1858—1939）首次完整上演该剧。1922年，美国的巴里莫尔（John Barrymore）在自己国内连演一百多场，观者无不入迷。1925年，杰克逊穿现代服装扮演的哈姆雷特赋予莎剧现实意义。不过，许多评论家认为，吉尔古德1930年在老维克剧院（Old Vic Theatre）的演出，哈姆雷特代表年轻而希望破灭的一代，乃是本世纪最佳的表演。1937年，英国演员劳伦斯·奥立佛（Laurence Olivier，1907—1991）与格思里导演合作，扮演哈姆雷特，10年后登上银幕。英国的吉尼斯（Alec Guinness）也是个优秀的演员，1938年他在老维克剧院演出。

罗伯逊爵士的哈姆雷特造型，1902年。

二次大战之后，扮演哈姆雷特的演员包括：雷德格雷夫（Michael

Redgrave) 1950年，也在老维克剧院；8年后雷德格雷夫在斯特拉特福表演。奥图尔（Peter O' Toole）于1963年，在劳伦斯·奥立佛领导的伦敦国家剧院（National Theatre）开幕演出中，担纲饰演哈姆雷特；另一个因演电影而成名，但是由皇家莎士比亚剧团培养的演员，理查德·波顿（Richard Burton），1964年在纽约演同一角色。然后是华纳（David Warner）于1965年至1966年间在斯特拉特福和伦敦的演出以及霍华德（Alan Howard）1970年的演出。一位英年早逝的女导演古德博迪（Buzz Goodbody）在斯特拉特福的小剧院"另一处"，推出现代服装的《哈姆雷特》，英国演员金斯利（Ben Kingsley）在剧中扮演一个有精神病的丹麦王子。然后是雅科比（Derek Jacobi）于1978年的演出，1980年，在一部由BBC制作，普莱斯（Jonathan Pryce）和佩宁顿（Michael Pennington）导演的电影中，雅科比再度演出哈姆雷特。然后是莱塞（Anton Lesser）在1982年的演出。

最近一次演出哈姆雷特是1989年，由年轻演员拉埃伦斯（Mark Rylance）担纲。他把哈姆雷特演成一个精神病患者，穿一套条纹睡衣裤，仿佛丹麦对他来说已变成一个巨大的精神病院，他用刀猛刺躺在寝室地板上的波洛纽斯（Polonius）的尸体。德萨特在舍罗导演下，也演了一个烦躁不安的哈姆雷特，不过看到来丹麦宫廷的戏班，他恢复了生的乐趣，顿时活跃起来。他是个大戏迷，当王子并非他所愿。

莎士比亚与歌剧

莎剧经常被改编成歌剧，有的改编整出戏，有的对一些人物重新演绎，如意大利的音乐家威尔第，于1893年以福斯塔夫为主角写了一部戏。

在17世纪，音乐家和歌剧脚本作者对喜剧尤感兴趣。如洛克（Locke）和英国的汉弗莱（Humfrey）在1674年公演《暴风雨》。此后不久，珀赛尔把《仲夏夜之梦》改编成半歌剧《仙后》，剧中唱段和道白交替。到18世纪，改编者仍然喜欢喜剧。1716年，勒

凡里奇（Leveridge）抽出《仲夏夜之梦》中的几段，改名为《皮拉摩斯与提斯柏》，正是剧中工匠们演出的滑稽戏的剧名。1744年，维拉西尼（Veracini）改编《皆大欢喜》为《罗瑟琳》，用的是剧中女主角的名字。1787年，裘斯特（Just）上演《威尼斯商人》。我们也知道，莫扎特（Mozart）死前不久，曾想为一部取材于《暴风雨》的歌剧写音乐。不过到18世纪末已有悲剧改编的歌剧，如1776年本达（Benda）和斯万能堡（Swanenberg）的《罗密欧与朱丽叶》，1777年阿斯普拉梅尔（Asplamayr）的《麦克白》，1789年卡鲁索（Caruso）的《哈姆雷特》。

到了19世纪，歌剧开始向莎士比亚的悲剧取材。首先是意大利的罗西尼（Rossini）1816年创作了《奥赛罗》，这部歌剧因剧中一首垂柳之歌而享盛名，至今不衰。后来，威尔第于1847年创作《麦克白》，并于1865年重新谱曲。在这部歌剧里，音乐先是表达人物的内心世界（麦克白的罪行，王后的梦游），随着女巫上场、动物叫声和不堪暴政压迫的民众合唱，音乐转而表现外在世界。威尔第在1887年还改编了《奥赛罗》，剧中男主角（奥赛罗、伊阿古〔Iago〕）声部之间的对比关系，也在女主角（苔丝狄蒙娜、埃米莉娅〔Emilia〕）的声部之间重现。至于《罗密欧与朱丽叶》，经常是浪漫派作曲家的灵感之泉，有两部伟大的歌剧从中取材。一部是意大利贝里尼（Bellini）1830年的作品，另一部由法国的古诺（Gounod）作于1867年。

20世纪，又回到喜剧。斯梅特那（Smetana）于1924年根据《第十二夜》创作了《薇奥拉》。英国的布瑞顿（Britten）于1960年根椐《仲夏夜之梦》写成同名歌剧，运用不同的声部，表示森林的超自然世界与人间世界的对立。布瑞顿还把流行的民间曲调纳入剧中，保存了原剧的某些幽默效果。

拉罗克

劳伦斯·奥立佛所扮的亨利五世，1944年。

银幕上的莎士比亚作品

从电影的发轫时期到今天，莎士比亚是许多电影导演的灵感来源，尽管他们的作品风格迥异，如法国的梅里耶（Georges Melies）、美国的威尔斯（Orson Wells）、日本的黑泽明（Akira Kurosawa），以及英国的格林纳威（Peter Greenaway）。

威尔斯饰演的福斯塔夫，1966年。

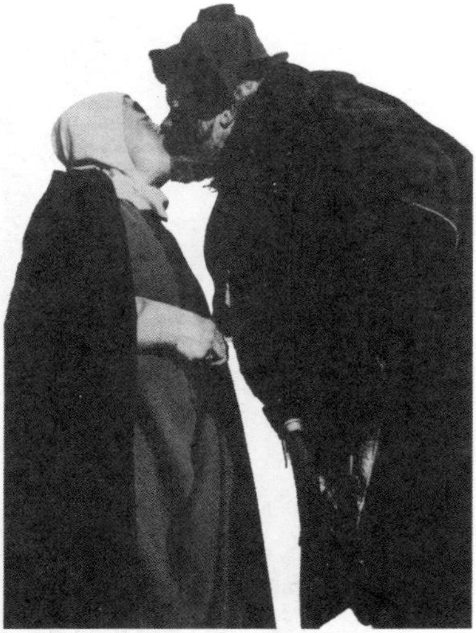

默片时代，莎剧搬上银幕的次数已经相当可观：20世纪的前30年，有过17部《哈姆雷特》，10部《裘力斯·恺撒》，8部《麦克白》，10部《威尼斯商人》。不过，尽管由梅里耶和美国的格里菲斯（Griffith）这样的电影艺术家执导，这些影片大部分是掐头去尾的改编，而且仅是把舞台演出摄入镜头而已。唯有1913年，罗伯逊爵士和海普瓦斯（Cecil Hepworth）合演的《哈姆雷特》例外。20年代的德国电影中有几部佳作，尤其是纽曼（Hans Neumann）1925年所导演，具反讽意味且玩世不恭的《仲夏夜之梦》。

随着有声电影时代来临，好莱坞奠定了霸权地位。1935年，赖恩哈特（Max Reinhardt）和狄特勒（William Dieterle）在《仲夏夜之梦》里运用了最能媚俗的效果，仙女们穿花边短裙跳舞，同时也表达一种令人不安的梦幻境界。1936年则有顾柯（George Cukor）的《罗密欧与朱丽叶》。

二次大战之后，马龙·白兰度（Marlon Brando）在曼凯维奇（Joseph Mankiewicz）的《裘力斯·恺撒》（1953）中扮演安东尼，极为出色。曼凯维奇另有一部《安东尼与克莉奥佩特拉》，由伊丽莎白·泰勒（Liz Taylor）出演埃及女王。这是一部靠硬纸板景片和彩色摄影取胜的所谓巨片，还是不提为妙。

纽曼导演的《仲夏夜之梦》场景之一，1925年。

最早的成功力作来自英国，都由劳伦斯·奥立佛执导。《亨利五世》是1944年的作品，片中洋溢着爱国主义激情，而且在序幕中把观众带进照原样复制的环球剧院。《哈姆雷特》经过删节，少了朝臣罗森克兰兹（Rosencrantz）、基腾史登（Guildenstern）和挪威王子福丁勃拉斯（Fortinbras），丹麦王子一开始就被定性为一个优柔寡断的年轻人。后来奥立佛于1955年执导了《理查三世》。他1965年推出《奥赛罗》，自己在剧中扮演奥赛罗，化装成墨檀木肤色的埃塞俄比亚人，几乎可以乱真。

奥逊·威尔斯追随奥立佛的脚步。他于1948年制作《麦克白》，1952年推出《奥赛罗》，1965年导演了《福斯塔夫》（《子夜钟声》）。《福斯塔夫》系浓缩《理查二世》、《亨利四世》上下篇、《温莎的风流娘儿们》和《亨利五世》等片的部分场景而成。奥逊·威尔斯这3部改编莎翁作品的影片中，《福斯塔夫》可能是最成功的。片中流露了对福斯塔夫的无限同情，而且威尔斯把自己与这个人物融为一体了。

两位意大利导演，卡斯泰拉尼（Renato Castellani）和泽菲瑞里

（Franco Zeffirelli）起用英国演员，在剧情发生的地点拍摄电影。1954年，卡斯泰拉尼在维洛那（Verone）拍摄《罗密欧与朱丽叶》；1968年，泽菲瑞里也在此地拍摄《罗》剧。1967年，泽菲瑞里在帕多瓦（Padove）拍《驯悍记》。理查德·波顿和伊丽莎白·泰勒在《驯悍记》中分别担任男女主角，很受欢迎。翌年他们合演《罗密欧与朱丽叶》同样成功。由于该片起用非常年轻的演员，所以影片能融合魅力与热情，表现了对少男少女爱情的浪漫崇拜。

战后，俄国和日本的导演也陆续把莎剧改编成电影，成绩不错。杜辛采夫（Grigori Kosintsev）于1964年完成了极其出色的《哈姆雷特》，然后于1970年推出《李尔王》。这两部影片被评论界誉为杰作。日本导演黑泽明的作品同样摄人心魄，而且更具特色。1975年他制作了《蜘蛛巢城》，是部在形式上很成功的片子，它把《麦克白》的故事换成了中世纪的日本武士。

相比之下，波兰的波兰斯基（Polanski）1971年摄制的《森林复活记》，就不够高明。不过，波兰斯基的这部电影，以强有力的画面，融合写实和奇想，对观众具有某种吸引力。黑泽明于1985年改编《李尔王》为《乱》。他把老国王的悲剧，移植到日本封建时代衰落时期，描写几个家族之间争战不休的故事。色彩绚烂的血战场面中，千军万马的动作整齐划一，犹如芭蕾舞。

吉尔古德在格林纳威的《魔法师的宝典》中演主角，1991年。

《李尔王抚尸痛哭考狄利娅》，爱尔兰画家巴里（James Barry）作画。

从最近制作的影片中可看出，莎士比亚仍受电影家青睐。才华横溢、新颖独特的改编不断问世。英国青年演员布拉纳（Kenneth Branagh），曾在斯特拉特福和伦敦扮演亨利五世，后来创立自己的剧团“英国莎士比亚剧团”，于1989年把《亨利五世》搬上银幕。他自己演年轻的国王，雅科比（Derek Jacobi）演致辞者，邓奇（Judi Dench）演女店主。这部电影与劳伦斯·奥立佛的风格完全不同，但同样成功，在英国、美国和法国都很受欢迎。1991年，泽菲瑞里转而改编悲剧，以苏格兰几座古堡为实景，摄制《哈姆雷特》，请来澳大利亚演员梅尔·吉布森（Mel Gibson）饰演王子。

在1991这一年还有另一部佳作问世：执导过《绘图师的合约》的英国导演格林纳威，改编了《暴风雨》，并把剧名改为《魔法师的宝典》。这部片子有繁复华丽的巴洛克风格，在视觉效果上极为成功。吉尔古德爵士以83岁的高龄，扮演魔法师普洛斯彼罗。他的声音经过电脑处理，成为剧中其他人物的声音。在片中，普洛斯彼罗是最高主宰，他在我们眼前写成的剧本（因此他也是莎士比亚），说出我们所有的幻想，同时，也把它们都驱逐了。

拉罗克

莎士比亚工业

所谓的“莎士比亚工业”
（Shakespeare Industry），
是个英文常用的说法，
特别指二次大战结束以来，
在美国大学里
逐渐形成的一个机制，
生产关于莎士比亚作品的
论文、文章和书籍。
这一个庞大的工业
今天已扩及欧洲国家，
每年都有多达5000种
与莎士比亚有关的著述发表。

研究莎士比亚的资料堆积如山，在数量上远远超过关于任何一个英、美作家的研究。尽管有各种各样的书目、索引、综合、概述和摘要可供利用，还是很难全面掌握情况。评论如此丰富，想要写论文研究莎士比亚的学生往往望而却步。

不过，莎士比亚研究热潮在英语和日耳曼语国家仍无降温的迹象，反而节节推进。法国和其他拉丁语国家的情况则大不相同，原因主要是语言障碍：莎剧的语言不好懂。不过，新译本出版，加上最近舞台和银

幕改编成功，将有助于增加这些国家对莎士比亚戏剧的研究兴趣。

学术活动热络，剧场演出也蓬勃。埃文河畔的斯特拉特福有3个常年演出的剧院：一为皇家莎士比亚剧院（RST），1879年由当地富豪企业家弗劳尔（Charles-Edward Flower）出资建造；二为名叫“另一处”的小剧院；三为天鹅剧院。小剧院原来是排演厅，经按照现行的安全标准改建后，于1974年开放。天鹅剧院与皇家莎士比亚剧院毗邻，仿照17世纪室内剧院的木结构建筑，于1986年启用。演出季节始于4月，正值一年一度的莎士比亚诞辰纪念活动——习惯上把他的生日定为4月23日前或后的那个星期六——终于月末，共演出15个剧本。最受欢迎的剧本，以后将在伦敦的巴比肯中心（Barbican Center）再度演出。除了以上这些剧院，还要加上伦敦国家剧院，它建于莎士比亚诞辰400周年前夕，长期由劳伦斯·奥立佛爵士领导。还有老维克剧院和小维克剧院、奥尔德维奇（Aldwych）剧院、摄政公园的露天剧院、伦敦伊斯林顿（Islington）伊丽莎白时代风格的圣乔治剧院。

由于撒切尔夫人（Mme Thatcher）减少了对剧团的资助，英国戏剧界正面临财政困难，尽管如此，除了皇家莎士比亚剧团，仍然有别

斯特拉特福的皇家莎士比亚剧院。

斯特拉特福的天鹅剧院。

的剧团建立。特别值得一提的，有波格丹诺夫（Michael Bogdanov）领导的英国文艺复兴剧团，以及布拉纳领导的新英国剧团。这两家剧团都有过出色的演出。当年环球剧院的地基新近已经重见天日，看来不久应能实现计划，在遗址附近建造一座新的环球剧院。一位名叫瓦那梅克（Sam Wanamaker）的演员四处奔走，献出时间和精力，逐一解决了建造剧院的资金问题和法律障碍。

斯特拉特福的三家剧院张贴演出海报，越来越多的观光客想拜访莎士比亚诞生之地，于是每年夏天，都有大批游客从世界各地涌向这座小城。日本人对这西方文化圣地特别感兴趣，他们的人数很多，斯特拉特福因此有了“小东京”的外号。前两届的世界莎士比亚大会，于1991年8月在日本首都举行，与会者将近千人。

当今活跃的莎士比亚研究，倚赖相当多的组织和机构。首先是大规模的专门图书馆：斯特拉特福的莎士比亚中心和莎士比亚研究所的图书馆、隶属于美国国会图书馆的福尔杰莎士比亚图书馆（Folger Shakespeare Library）、美国加州圣马利诺（San Marino）的亨丁顿

（Huntington）图书馆。其次是一些发行全球的刊物，定期发表文章、简介和书目，其中资格最老的要数《莎士比亚年刊》（Shakespeare Jachbuch），1865年创办于柏林；最有威望的则是在剑桥出版的《莎士比亚概论》（Shakespeare Survey）。

美国方面，主要刊物有1950年在纽约创办，1972年转归福尔杰图书馆主办的《莎士比亚季刊》，以及1965年在辛辛那提（Cincinatti）创办的《莎士比亚研究》。法国有《伊丽莎白时代研究丛刊》，1972年于蒙彼利埃（Montpellier）的保罗·梵乐希（Paul-Valéry）大学创刊。这份刊物每年出两期，发表法国和其他国家研究莎士比亚暨伊丽莎白时代的成果。

世界上多数大国都有莎士比亚研究会。资格最老的是德国莎士比亚学会，1865年在魏玛（Weimar）创立。法国直到1975年才成立莎士比亚学会。美国的莎士比亚专家人数最多。此外，日本莎士比亚学会也很活跃，现有800多名会员，足以证明日本对这位剧作家的喜爱。

各国的学会于1972年联合组成国际莎士比亚协会，每4年召开一届世界大会。第一届大会在温哥华举行。

斯特拉特福镇上，莎士比亚上过的学校。

不过，埃文河畔的斯特拉特福仍是莎士比亚研究的圣地，在这儿，每隔两年逢8月举行“莎士比亚会议”。一周会议期间，全世界最优秀的莎剧专家云集莎士比亚研究所。

拉罗克

莎士比亚研究

英国人对莎士比亚作品的评论，始于18世纪的新古典主义作家蒲伯（Pope）和语言学家约翰逊（Samuel Johnson），他们认为莎士比亚是个天才，因此得以不必遵循亚里士多德在《诗学》中规定的法则。英国大众接受了这一看法。法国文人伏尔泰（Voltaire）是把莎士比亚介绍给欧洲大陆的第一人，却不赞同此论，莎士比亚神话其实是浪漫派作家造成的。

To the Reader.

This Figure, that thou here seest put,
It was for gentle Shakespeare cut:
Wherein the Grauer had a strife
with Nature, to out-doo the life:
O, could he but haue drawne his wit
As well in brasse, as he hath hit
His face; the Print would then surpasse
All, that was euer writ in brasse.
But, since he cannot, Reader, looke
Not on his Picture, but his Booke.

德国文豪歌德（Goethe）、作家施莱格尔（Schlegel）和蒂克（Tieck），都对莎士比亚的作品大为赞赏。

在英国，华兹华斯（Wordsworth）曾谓，莎士比亚的《十四行诗集》是直入莎士比亚心扉的钥匙。诗人济慈（Keats）在一封信中提到莎士比亚的“负面能力”，说他有能力承担“不确定性、神秘性和怀疑，不必寻求事实和理由”。诗人柯尔律治（Coleridge）写了许多评论莎剧的文章，他强调，其中女性人物的性格往往不同凡俗。对他来说，莎士比亚与海洋和变形之神普洛泰一样，不可捉摸。

在法国，司汤达（Stendhal）誉莎士比亚为散文剧大师。作家雨果（Hugo）受莎翁影响更大，他的戏剧带着这位剧作家的印记。1864年，雨果写了《威廉·莎士比亚》一书，称颂莎士比亚为包罗万象的天才。

20世纪的莎士比亚评论家，当以英国的布雷德利（A. C. Bradley）为首。1904年，他发表一组讲稿，研究四大悲剧（《哈姆雷特》《奥赛罗》《李尔王》和《麦克白》）中主要人物的心理活动，总名为《莎士比亚的悲剧》。剑桥大学教授奈茨（L. C.Knights），在1933年发表有名的论文《麦克白夫人有几个孩子？》，讥讽评论界竟把虚构人物视作真人。他提出下列看法：莎士比亚基本上是一个戏剧诗人，应该从形象和语言着手来分析他的作品。莎剧这方面的成就后来获得重视，尤见于英国司布真（Caroline Spurgeon）的著作《莎士比亚作品中的形象及其传达之含意》（1935），以及奈特（George Wilson Knight）1933年发表的许多随笔。

此外，三四十年代的批评也渐渐回到历史背景上去，如蒂利亚德（E. M. W. Tillyard）的《伊丽莎白时代人的世界观》（1933）。作者认为，莎士比亚写历史剧时，遵循都铎王朝的意识形态，他根据官方说法把里奇蒙（Richmond）公爵，即后来的亨利七世，写成天赐的救星，是他把英国从内战中解救出来。此类观点今天大受争议，尤其遭到文化唯物主义论者的攻击。他们的看法恰恰相反，在莎士比亚身上，看到一个同情被压迫者（民众、妇女）的作家，他表面上顺从，隐藏着对奴隶制度的批判。

弗吕歇尔（Fluchère）1947年发行的《伊丽莎白时代的剧作家莎士比亚》，可视作法国的莎士比亚评论的宣言。他是剑桥学派的弟子，师承奈茨和英国人利维斯（Leavis），而且受到艾略特（T. S. Eliot）的评论影响，从诗学角度分析作品，而不考证作者的生平或研究人物的心理。“我们只谈作品，而不对作者的……日常行为感兴趣。在很长的一段时期内，作者及其神秘性已把作品推到次要地位。”同时，英国的尼可尔（Nicoll）和维克汉（Wickham）两人，研究了剧院构造和剧团组成。此外，缪尔（Muir）和布洛（Bullough）考证了剧本的素材来源，有助于拓展莎士比亚著作的传统研究途径，也提供了新的历史档案和图片资料，得以进一步理解莎士比亚对当时戏剧的独特贡献。

冷战年代，以及西方马克思主义和存在主义兴起后，也有人从唯物主义角度来分析莎剧，此类著作中，有波兰人考特（Kott）的《我们的同时代人莎士比亚》（1964）。这部书对于60年代的莎剧演出影响深远，尤其是布鲁克从中获得许多启发。考特认为，无所谓好或坏的君王，是历史这架无情的压路机，把个人统统碾为齑粉。

威曼（Weimann）沿袭了唯物主义批评的路线，精神上溯马克思和布莱希特（Brecht），他的《莎士比亚与戏剧中的民间传统》有大突破。此书1967年以德文出版，1978年出版英文译本，重要性堪与俄国人巴赫汀（Bakhtine）的《拉伯雷与中世纪和文艺复兴时期的民间文化》（1970）相比。

精神分析学说也对莎剧甚感兴趣。弗洛伊德经常引用莎士比亚，并把莎翁作品常置枕畔，写过多篇讨论莎剧的重要文章。他的弟子琼斯（Jones）认为，哈姆雷特之所以迟迟不为父亲报仇，原因在于他有俄狄浦斯（Oedipus）情结，亦即恋母情结。这位丹麦王子对克劳狄斯既仇恨又羡慕，因为克劳狄斯在他母亲身边占据了他自已暗中想得到的位置。琼斯这项研究成为经典之论以后，用精神分析学说来研究莎剧的文章越来越多。在最近发表的文章中，可以举出若干例子：法国拉岗（Lacan）的好几篇论文，西舍尔（Sichère）的著作《莎士比亚这个姓氏》，以及精神分析学家西波尼（Sibony）的书《和莎士比亚在一起》。

近年来，各种学派给莎士比亚评论注入了活力，甚至可以说使它骚动不已。例如女权主义文学批评、解构主义（自称秉承法国哲学家德希达〔Jacques Derrida〕的理论）和由格林勃拉特（Stephen Greenblatt）推动下发展起来的新历史主义方法。新历史主义方法把莎士比亚的作品放到他所处的历史环境中，与他的同时代人相比较，并且在欧洲文艺复兴的大框架中进行研究。在所有这些流派的影响下，发表了无数的文章和专著，出了许多的莎士比亚著作版本。

文本批评（textual criticism）的声势不那么浩大，但重要性并不稍逊。这种批评方法所欲理解的，是各种不同版本的莎翁著作文本背后之各种技术过程，代表成果是威尔斯（Stanley Wells）和泰勒（Gary Taylor）主编的《新牛津莎士比亚全集》。泰勒曾于1987年出版《文本伴侣》，1988年出版《全集》。即便这两位专家的论点并非人人赞同，但他们完成的工作确乎浩大，所以这个版本成为不可缺少的参考书。

吉哈德（René Girard）在《莎士比亚欲望之火》（1990）中，探讨了部分莎剧。采用的是他以前著作中所阐述的理论：模仿欲望原理和原始社会的暴力仪式。这本书的某些分析甚为精辟，与许多现代主义论点针锋相对，攻击弗洛伊德主义、结构主义和西方马克思主义。学院派对这本书不是一直予以好评，恰如乔伊斯（Joyce）在《尤利西斯》中所说的，莎士比亚已变成意识形态的赌注。

拉罗克

贝尔（Duncan Bell）扮演《暴风雨》中的爱丽儿。

莎士比亚著作年表

戏剧:

1589—1590	《亨利六世》上篇
1590—1591	《亨利六世》中篇
	《亨利六世》下篇
1592—1593	《理查三世》
	《泰特斯·安德洛尼克斯》
1593—1594	《错误的喜剧》
	《驯悍记》
1594—1595	《维洛那二绅士》
	《爱的徒劳》
1595—1596	《罗密欧与朱丽叶》
	《理查二世》
	《仲夏夜之梦》
1596—1597	《约翰王》
	《威尼斯商人》
1597—1598	《亨利四世》上篇
	《亨利四世》下篇
1598—1599	《无事生非》
	《亨利五世》
	《温莎的风流娘儿们》
1599—1600	《裘力斯·恺撒》
	《皆大欢喜》
1599—1600	《第十二夜》
1600—1601	《哈姆雷特》
1601—1602	《特洛伊罗斯与克瑞西达》
1602—1603	《终成眷属》
	《奥赛罗》
1603	《一报还一报》
1604—1605	《李尔王》
1605—1606	《麦克白》
1606—1607	《安东尼与克莉奥佩特拉》
	《雅典的泰门》
1607—1608	《科利奥兰纳斯》
1608—1609	《泰尔亲王配力克里斯》
1609—1610	《辛白林》
1610—1611	《冬天的故事》
1611—1612	《暴风雨》
1612—1613	《亨利八世》
1613—1614	《两个高贵的亲戚》

诗集:

1593	《维纳斯与阿都尼》
1594	《鲁克丽丝受辱记》
1609	《十四行诗集》

1564	4月26日，斯尼特菲尔的约翰·莎士比亚，与威尔姆柯特的玛丽·阿登的第三个孩子，威廉·莎士比亚受洗（莎士比亚父母的原籍均在斯特拉特福附近，他们1557年结婚）。 4月23日，圣乔治节，是推定的莎士比亚生日。
1568	约翰·莎士比亚当上斯特拉特福的镇长。王后供奉剧团在斯特拉特福演出。
1582	11月28日，威廉·莎士比亚娶了生于1556年的安·哈瑟维为妻。
1583	5月26日，婚后6个月，女儿苏珊娜受洗。
1585	2月2日，双生子哈姆奈特与珠迪丝受洗。
1587	女王供奉剧团与莱斯特伯爵剧团在斯特拉特福演出。威廉可能随后与他们一同前往伦敦。
1588	西班牙无敌舰队覆灭，登陆英国海岸的计划就此失败。
1590—1592	史剧三部曲《亨利六世》首次上演。
1592	契特尔（Chettle）发表罗伯特·格林的遗著，其中有对莎士比亚的攻击之词（契特尔后来在另一部书上向莎士比亚致歉）。伦敦鼠疫肆虐。剧场关闭，直至1594年5月，期间几个时期破例开放。
1596	8月11日，珠迪丝的孪生兄弟，莎士比亚唯一的儿子哈姆奈特死去，他年仅11岁。
1597	莎士比亚以60镑的代价购下斯特拉特福的“新地”。
1598	《爱的徒劳》以四开本的形式出版。这是第一部以莎士比亚的名字发表的剧本。 9月，莎士比亚在琼森的喜剧《人皆有脾气》中演出。
1598—1599	柯斯伯特·伯比奇拆除河岸沟的剧场，用原材料在泰晤士河对岸的南华克建造环球剧院。

1601	2月7日，埃塞克斯伯爵发动叛乱前夕，环球剧院公演《理查二世》。
1603—1604	国王恩准宫内大臣剧团改名为国王供奉剧团。自1603年3月至1604年4月，伦敦为庆贺国王加冕而举行的入城仪式延迟一年。
1605—1606	1605年11月5日，伦敦发生新的鼠疫。福克斯策划国会“火药阴谋”案。
1607	6月5日，莎士比亚的长女苏珊娜与斯特拉特福有名的医生霍尔结婚。
1608	莎士比亚与人合资创办黑衣修士室内剧院。 9月9日，莎士比亚的母亲下葬。
1610	推定莎士比亚于本年回到斯特拉特福“新地”居住。
1612	2月3日，莎士比亚弟弟吉尔伯特（Gilbert）的葬礼。莎士比亚在勃洛特·蒙乔埃（Belott Mount-joy）的案件中作证。他在证词下方的签名，是他保存下来的最早的签名（别的签名见于他的遗嘱）。
1613	6月29日，环球剧院着火。
1616	2月10日，莎士比亚的次女珠迪丝与一位友人之子，托马斯·昆尼，在斯特拉特福结婚。3月25日，莎士比亚在遗嘱上签字。4月23日，莎士比亚逝世（这天很可能是他的52岁生日）。两天后下葬。
1623	遗孀安·莎士比亚去世。“对开本”出版，这是最早的莎士比亚戏剧全集，只缺《配力克里斯》和《两个高贵的亲戚》。

图片目录与出处

封面

前景：演员。载Moyses Walens的《友人画册》(*Album Amicorum*)。伦敦，大英图书馆。背景：伦敦城的景色。版画。Visscher作，1616年。伦敦，大英博物馆印本与图画部。

书脊

俗称"钱多斯"的莎士比亚像。伦敦，国家肖像画艺廊。

封底

1623年"最早对开本"扉页上的莎士比亚像。版画，英国版画家德罗肖特（Martin Droeshout）作。牛津，博德利（Bodleian）图书馆。

扉页

1 英格兰的詹姆斯一世。载《友人画册》，约1616年。伦敦，大英图书馆。

2—3 《山上》。载Michaelvan Meer的《友人画书》。约1615年。爱丁堡大学图书馆。

4—5 伦敦塔。出处同上。

6—7 温莎堡（Windsor）。出处同上。

8—9 伦敦景色。出处同上。

11 俗称"钱多斯"（Chandos）的莎士比亚像。无名氏绘。伦敦，国家肖像画艺廊。

第一章

12 乡村狂欢节。David Vinckenboons作画。

13 插图。原载圣热罗姆修会的经书《生于德国的女性之中最伟大者》(*De stirpium, maxime earum quae in Germania nostra nascuntur*)，1552年。

14 英国地图，Christopher Saxton作，1579年。伦敦，皇家地理学会。

15 手套商。版画，载Hartmann Schopper的《工艺大全》，1568年。

16—17 上 威廉·莎士比亚的受洗日期记录。载于斯特拉特福教堂的登记册。斯特拉特福，莎士比亚故居基金会。

16—17 下 伊丽莎白时代的学校场景。版画。

17 《语法简介》的扉页。1607年。

18，19 上 伊丽莎白时代一部草药典的插图。牛津，博德利图书馆。

18—19 中 刺绣。16世纪末。伦敦，维多利亚和艾伯特博物馆（Victoria and Albert Museum）。

18—19 下 版画。载George Turbeville著《高贵的犬猎艺术》(*The Noble Art of Venery*)。1575年。

20 犀牛。出处同上。

21 上 奥克斯伯格（Oxburgh）挂毯。16世纪。伦敦，维多利亚和艾伯特博物馆。

20 中，21 下 插图。原载托普塞尔著的《蛇志》，1608年。

22 插图。原载Guy Marchant著《牧羊人日历》(*Kalendar and Compost of Shepherds*)，1493年。

23 上 伊丽莎白女王的仪仗队。伦敦，大英图书馆。

23 下 挑着家禽的农妇。载《友人画册》，1616年。

24—25 上 流经里奇蒙的泰晤士河。法兰德斯画派。剑桥，菲茨威廉（Fitzwilliam）博物馆收藏。

24 中，25 右 乐师。版画。载Thoinot Arbeau的《对话体的舞蹈记谱学》(*L'Orchesographie, traitéen forme de dialogue*)，1538年。

24—25 下 Hertford公爵府的喜庆活动。版

第二章

画廊，基督教堂大楼。

78—81 出处同上。

82 决斗。《友人画册》，约1616年。伦敦，大英图书馆。

83 上 理查·伯比奇肖像。无名氏作。伦敦，Dulwich画廊。

83 下 最早对开本的书页。Louisa Hare。

84 上 Francis Mere著《智慧宝库》（*Palladis Tamia*）的一页，1598年。牛津，博德利图书馆。

84 下 《十四行诗集》的扉页，1609年。

85 左 最早对开本的书页。Louisa Hare。

85 右 《仲夏夜之梦》的扉页，1600年。伦敦，大英图书馆。

85 下 伦敦一景。《友人画册》，约1620年。伦敦，大英图书馆。

86 俗称"花"（Flower）的莎士比亚像。斯特拉特福，皇家莎士比亚剧院藏品。

87 左上 俗称"埃利宫"（Ely Palace）的莎士比亚像。斯特拉特福，莎士比亚故居基金会。

87 右上 莎士比亚像。华盛顿，福尔杰莎士比亚图书馆藏品。

87 下 相传是Gerard Soest作的莎士比亚像。斯特拉特福，莎士比亚故居基金会。

88 版画。载Edmund Live著《十二法则：拉丁艺术导言》（*Twelve Rules, Introduction to the Art of Latin*），1620年。

89 上 书店。版画，载John Amos Comenius的《感觉世界》（*Orbis Sensualiun*），1689年。

89 下 一名作者或一位文人。载约1616年的《友人画册》。伦敦，大英图书馆。

第四章

90 伊丽莎白女王驾临提尔布里码头。无名氏绘。英国，诺福克（Norfolk）圣信教堂。

91 伊丽莎白女王肖像，英国画家奥立佛作。工笔画。伦敦，维多利亚和艾伯特博物馆。

92 上，**93** 上 "无敌舰队珠宝"。英国画家希利亚德（Nicholas Hillard）制作。伦敦，维多利亚和艾伯特博物馆。

92—93 伊丽莎白肖像。无名氏作，约1588年。Woburn修道院。蒙Tavistock侯爵夫人和贝德福（Bedford）财产保管人盛情允许复制。

94 左上 伊丽莎白肖像。Quentin Metsys作。Siena美术馆。

94 右上 约1575年的伊丽莎白像。无名氏作。伦敦，国家肖像画艺廊。

94 左下 伊丽莎白像。相传是希利亚德的作品。伦敦，国家肖像画艺廊。

94 右下 伊丽莎白像。相传为Marcus Gheeraerts所作，约1600年。蒙索尔斯堡侯爵夫人盛情借与复制。

95 俗称狄契雷（Ditchley）的伊丽莎白像。Marcus Gheeraerts作，约1590年。伦敦，国家肖像画艺廊。

96—97 伊丽莎白女王的寓意肖像。图中有朱诺、米涅瓦和维纳斯。无名氏作，1569年。皇家藏品，版权为女王陛下所有。

98—99 上 伊丽莎白时代宴饮图。油画。De L'Isle子爵私人收藏品，蒙允复制。

98 下，**99** 下 版画。载Joseph Strutt著《英格兰的体育和消遣》（*The Sports and Pastimes of England*），1831年。

99 索塞克斯伯爵像。无名氏绘，1593年。伦敦，皇家军械保管局。

100 上 版画。载Joseph Strutt著《英格兰的体育和消遣》。

100 下 伊丽莎白时代的诗作。

101 上 无双宫。Hoefnagel绘。伦敦，大英博物馆印本与图画部。

101 下 托勒密的宇宙图。版画。载Andrew Border的《知识入门首册》（*First book of the Introduction to Knowledge*），1542年。

102—103 上 花园一景（细部）。油画。Joos de Momper作，1633年。伦敦，国家艺廊。

102 下 一座花园的设计图。Thomas Trevelyon作，17世纪初。私人藏品。

第五章

见证与文献

欧与朱丽叶。1935年。

135 斯吉纳(Otis Skinner)饰演的夏洛克。《威尼斯商人》,1903年。

138 罗伯逊饰演的薇奥拉和库柏饰演的奥丽薇亚。《第十二夜》,1939年。

140 吉尔古德饰演的哈姆雷特。《哈姆雷特》,1934年。

141 德·萨特在P. Chéreau导演的《哈姆雷特》中演主角。1988年。

142 劳伦斯·奥立佛和麦琪·史密斯饰演的奥赛罗和苔丝狄蒙娜。《奥赛罗》,1965年。

148 加里克饰演的李尔王。1761年。

149 查尔斯·肯布尔饰演的哈姆雷特。1785年。

151 维拉尔饰演的理查二世。1947年。

152 拉维利导演的《仲夏夜之梦》。1986年。

153 罗伯逊爵士饰演的哈姆雷特。1902年。

154 威尔第的歌剧《奥赛罗》的海报。

155 劳伦斯·奥立佛饰演的亨利五世。1944年。

156 威尔斯饰演的福斯塔夫。1966年。

157 纽曼导演的《仲夏夜之梦》。1925年。

158 吉尔古德在格林纳威导演的《魔法师的宝典》中演主角。1991年。

159 《李尔王抚尸痛哭考狄利娅》。巴里作画。

160—161 斯特拉特福的皇家莎士比亚剧院。

162 斯特拉特福的天鹅剧院。Nicholas Sargeant摄影。

163左 日本邮票。

163右 斯特拉特福的莎士比亚学校。Edwin Smith摄影。

164 1623年对开本中的《敬告读者》。

165 作家。版画。

167 贝尔扮演《暴风雨》中的爱丽儿。1988年。Clive Barda摄影。

索引

A

B

《仲夏夜之梦》中的蒂妲妮亚（Titania）和波顿，福斯里画。

J

K

L

M

N

P

Q

S

T

本书原文为法文,由施康强先生翻译。唯书中选用了莎士比亚作品段落的部分,乃由王平原先生译自英文原作,兹列明页数如下:
彩色页内文: 17, 70, 107
彩色页图片说明: 15, 17, 19, 20, 28, 35, 37, 64, 65, 70, 71, 72, 74, 79, 81, 84, 89, 98, 103, 104, 106, 111, 118, 119, 123, 127
黑白页见证与文献: 133—146

图书在版编目（CIP）数据

莎士比亚：人间大舞台 /（法）拉罗克(Laroque,F.）著；施康强译.
—长春：吉林出版集团有限责任公司，2015.1
（发现之旅）
ISBN 978-7-5534-6307-0

Ⅰ.①莎… Ⅱ.①拉… ②施… Ⅲ.①莎士比亚，W.（1564～1616）
—生平事迹 Ⅳ.①K835.615.6

中国版本图书馆CIP数据核字（2014）第294428号

吉林省版权局著作权合同登记
图字 07-2014-4419

发现之旅

SHASHIBIYA RENJIAN DA WUTAI
莎士比亚：人间大舞台

著　　者：[法] 弗朗索瓦•拉罗克　　译　　者：施康强
出版策划：刘　刚　孙　昶
项目执行：孙　昶
项目统筹：孔庆梅
责任编辑：邓晓溪
责任校对：刘　洋
出　　版：吉林出版集团股份有限公司（www.jlpg.cn/yiwen）
（长春市福祉大路5788号，邮政编码：130021）
发　　行：吉林出版集团译文图书经营有限公司
（http://shop34896900.taobao.com）
电　　话：总编办：0431-81629909　营销部：0431-81629880/81629881
印　　刷：吉林省恒盛印刷有限公司
开　　本：880mm×1230mm　1/32
印　　张：5.75
字　　数：190千字
图 幅 数：190
版　　次：2015年1月第1版
印　　次：2019年5月第3次印刷
书　　号：ISBN 978-7-5534-6307-0
定　　价：35.00元

印装错误请与承印厂联系　电话：0431-84727696